1

2 Wie viele Zehner und Einer sind es? Schreibe die Aufgabe.

a) 

___ Z + ___ E = ____

_____ + _____ = _____

b) 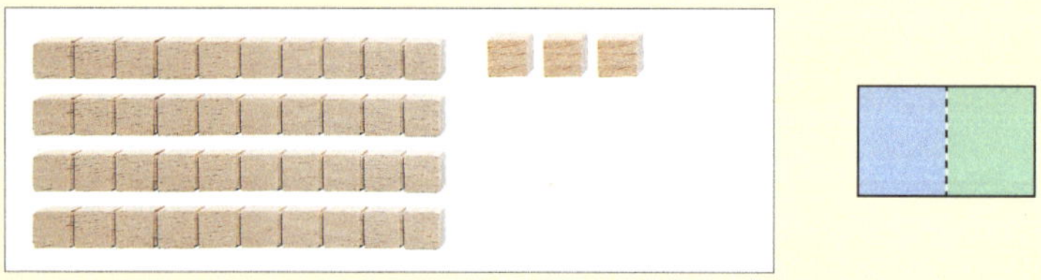

___ Z + ___ E = ____

_____ + _____ = _____

c) 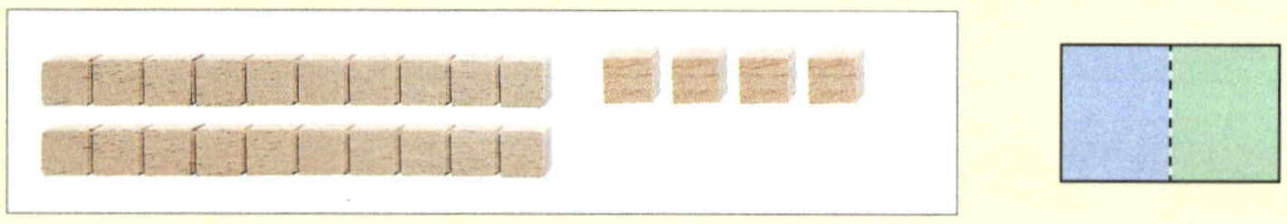

___ Z + ___ E = ____

_____ + _____ = _____

d) 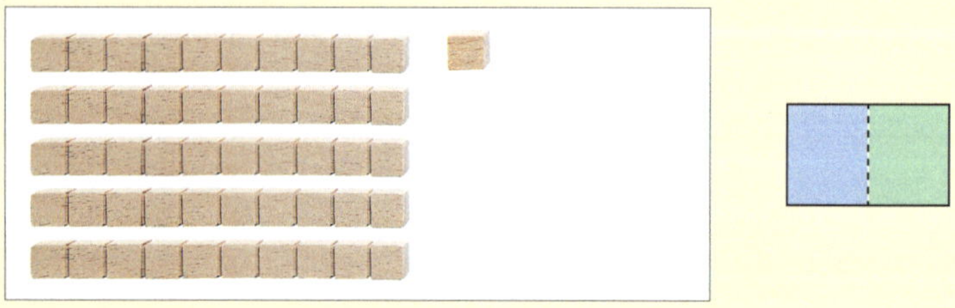

___ Z + ___ E = ____

_____ + _____ = _____

3

4 Wie viele Zehner und Einer sind es? Trage ein.

a) 14 E = ___ Z + ___ E

17 E = ___ Z + ___ E

19 E = ___ Z + ___ E

b) 26 E = ___ Z + ___ E

32 E = ___ Z + ___ E

54 E = ___ Z + ___ E

› **1–2** Zehner und Einer mit Zahlenkarten legen und eintragen, dann die Zerlegungsaufgabe (Zehner- und Einerzahl) schreiben und lösen.
› **3–4** Das Bündeln am Material veranschaulichen und üben.

1

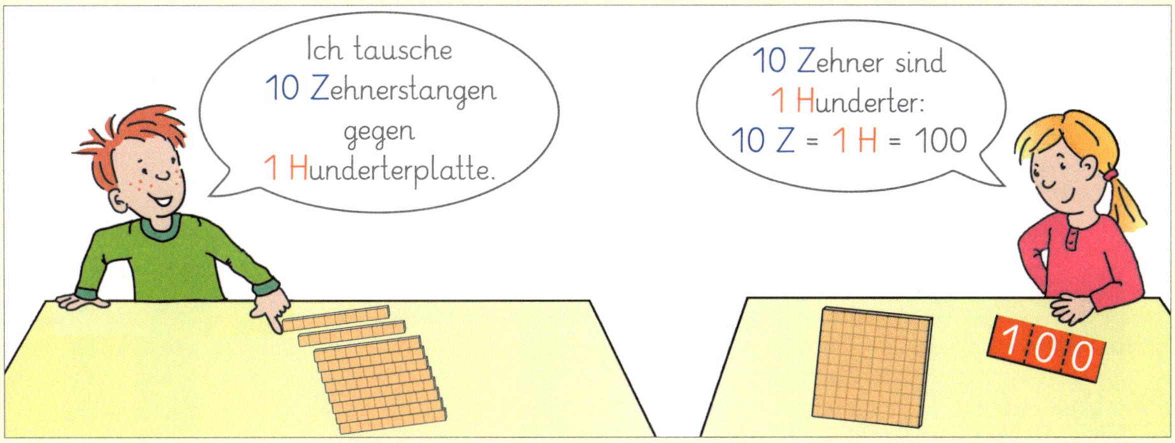

2 Wie viele Hunderter sind es? Trage die Zahl ein.

1 H = 1 0 0

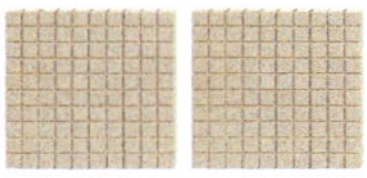
2 H = ___

__ H = ___

__ H = ___

__ H = ___

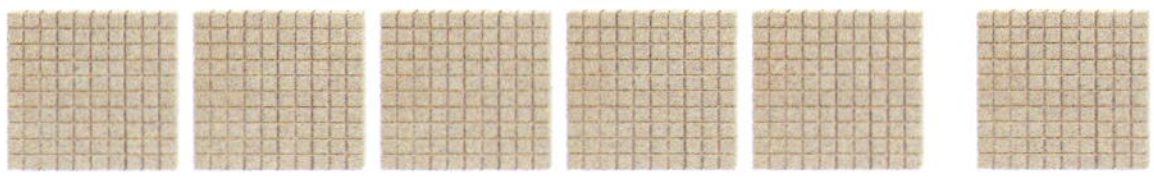
__ H = ___

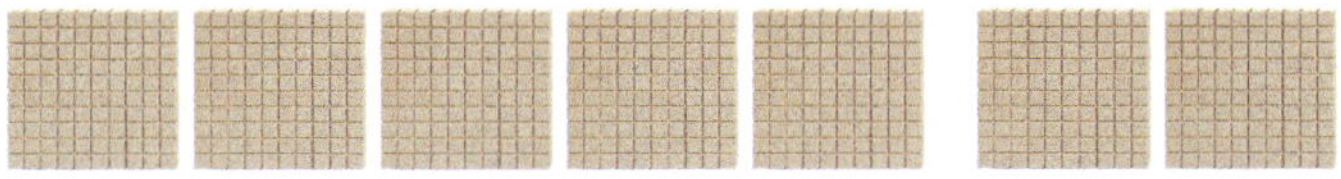
__ H = ___

__ H = ___

__ H = ___

3 Zähle in Hunderterschritten vorwärts.

100, 200, ______, ______, ______, ______, ______, ______, ______, 1 000

› **2** Hunderterzahlen stellengerecht eintragen, ggf. auch mit Hunderterplatten und Zahlenkarten legen.
› **3** Zählen in Hunderterschritten üben, ggf. rückwärts zählen und die Startzahl variieren.

1

2 Wie viele Hunderter und Zehner sind es? Schreibe die Aufgabe.

a)

3 H + 4 Z = ___

300 + 40 = ___

b)

___ H + ___ Z = ___

___ + ___ = ___

c)

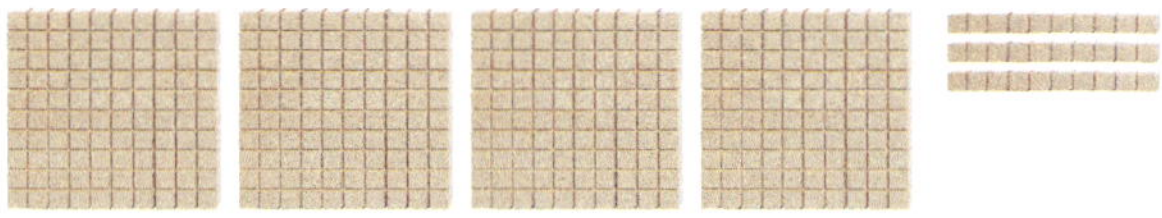

___ H + ___ Z = ___

___ + ___ = ___

d)

___ H + ___ Z = ___

___ + ___ = ___

3 a)

___ H + ___ Z = ___

___ + ___ = ___

b)

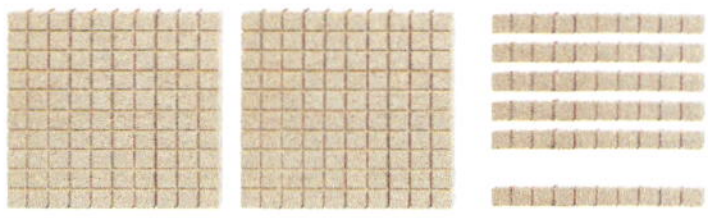

___ H + ___ Z = ___

___ + ___ = ___

c)

___ H + ___ Z = ___

___ + ___ = ___

d)

___ H + ___ Z = ___

___ + ___ = ___

› **1** Über die Situation sprechen und die verschiedenen Schreibweisen gemeinsam betrachten. Mit unterschiedlichen Zahlen nachspielen.
› **2–3** Zuerst Hunderter und Zehner eintragen, dann die Zerlegungsaufgabe (Hunderter- und Zehnerzahl) schreiben und lösen.

1

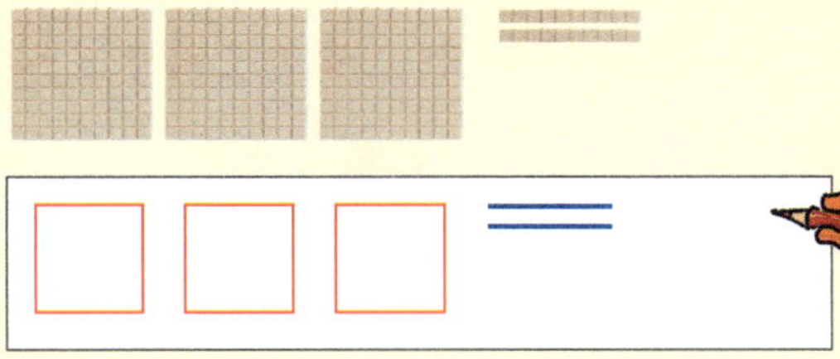

3 H + 2 Z = 320

300 + 20 = 320

2 Wie heißt die Zahl? Schreibe die Aufgabe.

a)

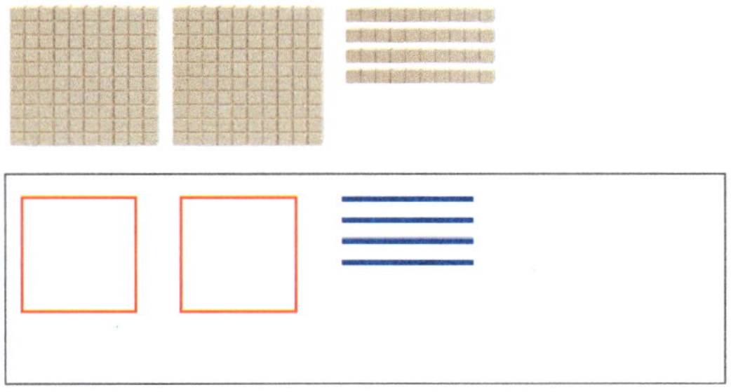

___ H + ___ Z = ______

______ + ______ = ______

b)

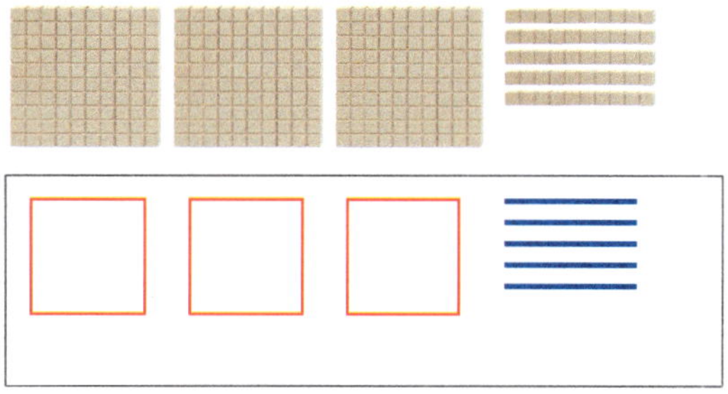

___ H + ___ Z = ______

______ + ______ = ______

3 Wie heißt die Zahl? Zeichne in Geheimschrift. Schreibe die Aufgabe.

a)

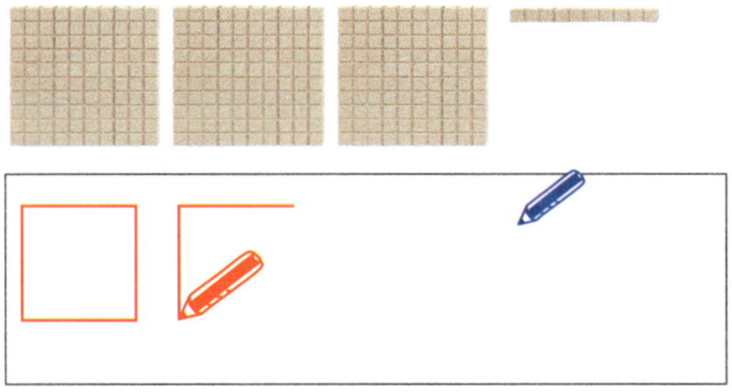

___ H + ___ Z = ______

______ + ______ = ______

b)

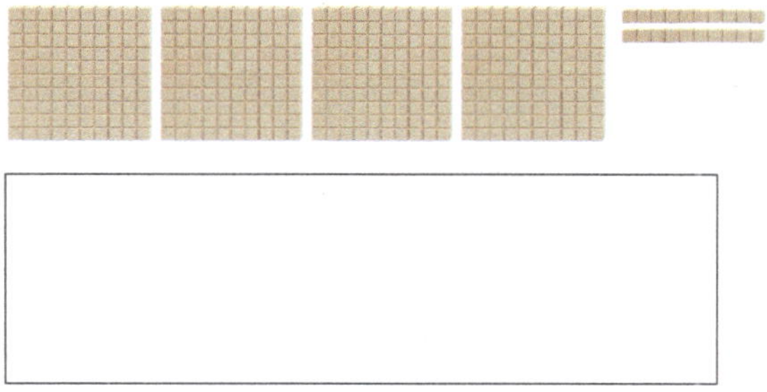

___ H + ___ Z = ______

______ + ______ = ______

c)

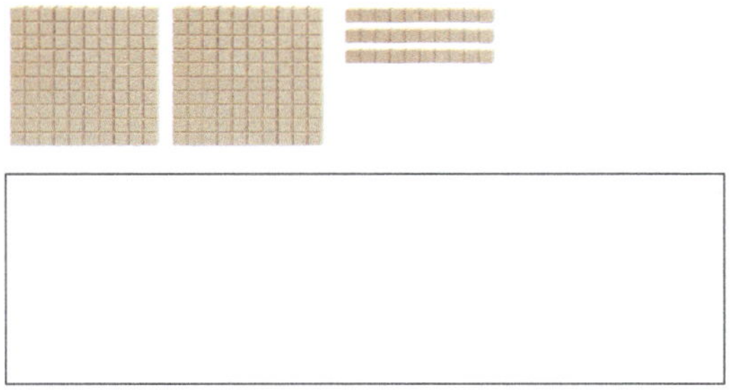

___ H + ___ Z = ______

______ + ______ = ______

d)

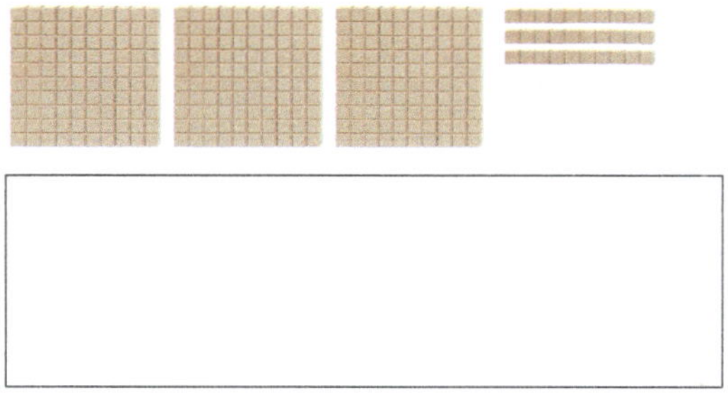

___ H + ___ Z = ______

______ + ______ = ______

› **1** Darstellung der Zehnersystemblöcke mit der Geheimschrift vergleichen.
› **2–3** Geheimschrift lesen bzw. zeichnen, dann Hunderter und Zehner und die Zerlegungsaufgabe eintragen.

1 Wie heißt die Zahl? Zeichne in Geheimschrift. Schreibe die Aufgabe.

a) 240

___ H + ___ Z = ______

______ + ______ = ______

b) 460

___ H + ___ Z = ______

______ + ______ = ______

c) 310

___ H + ___ Z = ______

______ + ______ = ______

d) 250

___ H + ___ Z = ______

______ + ______ = ______

2 Lies das Zahlwort. Zeichne in Geheimschrift und schreibe die Aufgabe.

a) vierhundertzwanzig

___ H + ___ Z = ______

______ + ______ = ______

b) zweihundertzehn

___ H + ___ Z = ______

______ + ______ = ______

c) dreihundertvierzig

___ H + ___ Z = ______

______ + ______ = ______

d) vierhundertdreißig

___ H + ___ Z = ______

______ + ______ = ______

› **1** Geheimschrift zu den Zahlenkarten zeichnen, Hunderter und Zehner sowie die Zerlegungsaufgabe eintragen. Auch das Zahlwort nennen lassen.
› **2** Zahlwort lesen und die Geheimschrift dazu zeichnen. Dann Hunderter und Zehner sowie die Zerlegungsaufgabe eintragen.

1 Was gehört zusammen? Verbinde passend.

sechshundertachtzig	830	800 + 20
achthundertzwanzig	680	800 + 30
achthundertdreißig	690	600 + 80
sechshundertneunzig	820	600 + 90

2 Was gehört zusammen? Verbinde passend.

900 + 10	570	fünfhundertsechzig
500 + 60	910	fünfhundertsiebzig
500 + 70	940	neunhundertzehn
900 + 40	560	neunhundertvierzig

› **1–2** Zerlegungsaufgabe, Zahlenkarten-Darstellung und Zahlwort passend verbinden.

1

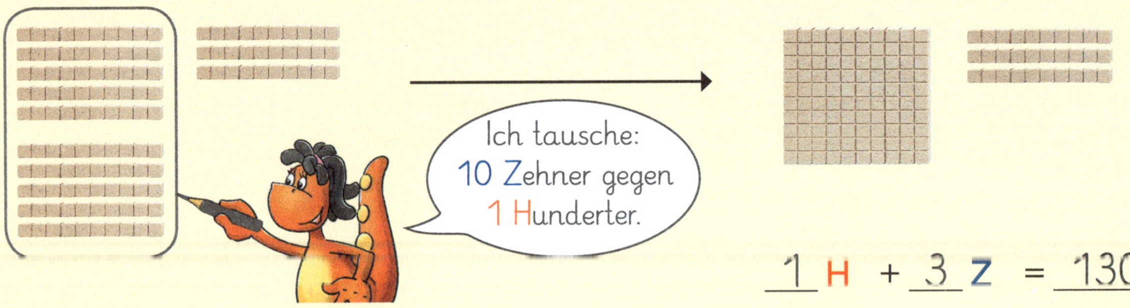

13 Z

1 H + 3 Z = 130

100 + 30 = 130

2 Bündele und kreise ein. Wie viele sind es? Wie heißt die Zahl?

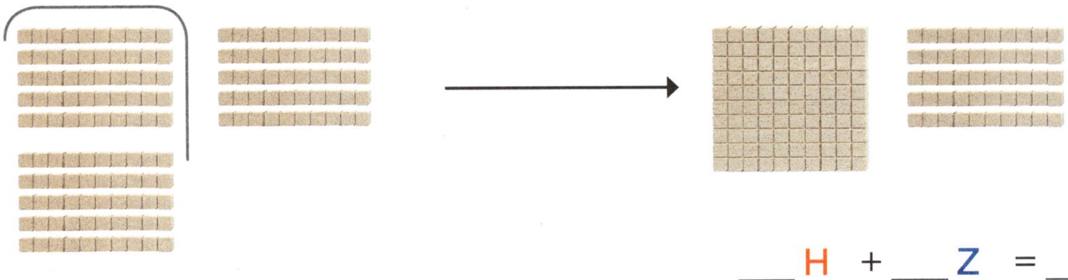

___ Z

___ H + ___ Z = ______

______ + ______ = ______

3

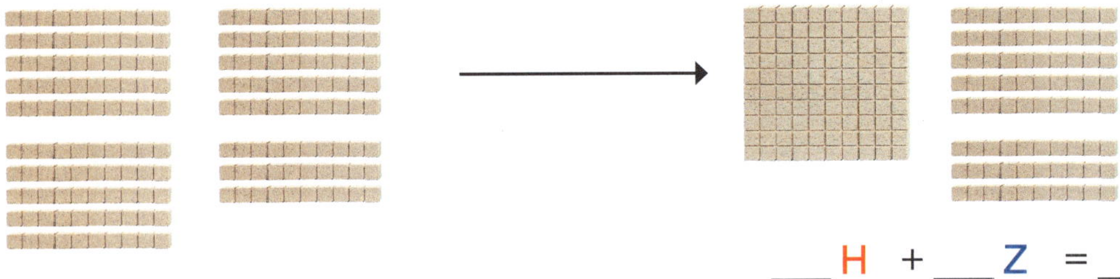

___ Z

___ H + ___ Z = ______

______ + ______ = ______

4

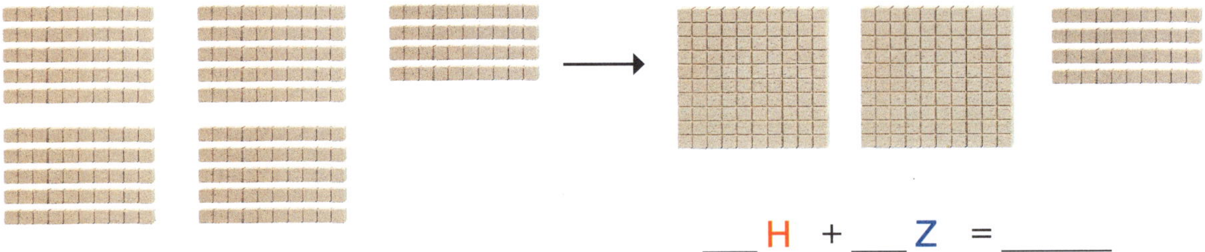

___ Z

___ H + ___ Z = ______

______ + ______ = ______

5

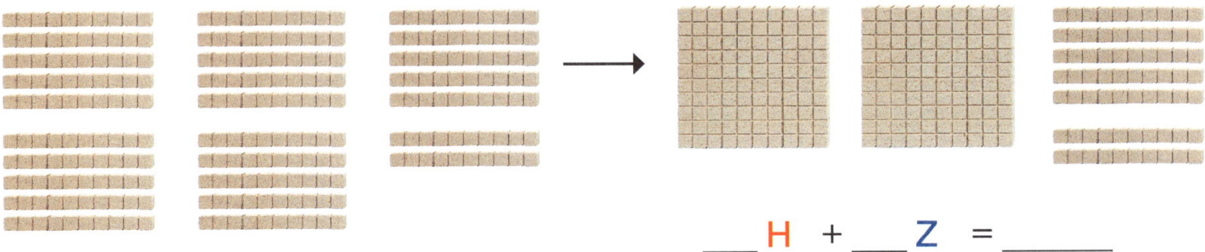

___ Z

___ H + ___ Z = ______

______ + ______ = ______

› **1** Vorgehen am Material einüben: Jeweils 10 Zehnerstangen gegen 1 Hunderterplatte tauschen. Anzahlen der Zehner bzw. Hunderter und Zehner nennen.
› **2–5** Erst die Anzahl aller Zehnerstangen notieren und diese bündeln. Dann in Hunderter und Zehner aufschlüsseln, die Zerlegungsaufgabe schreiben.

1 Bündele und kreise ein. Wie viele sind es? Wie heißt die Zahl?

a)

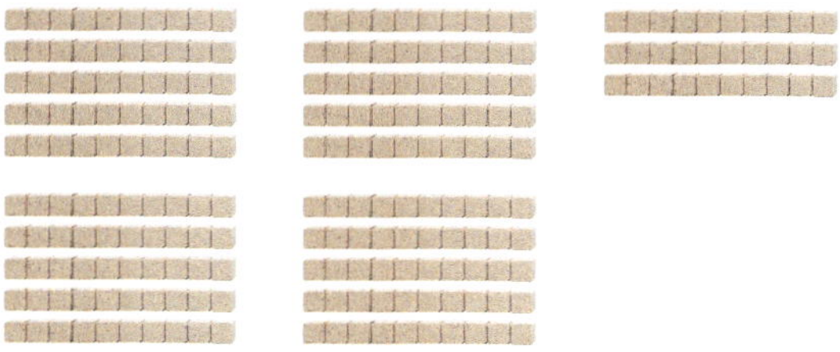

23 Z = 2 H + ___ Z = ______

______ + ______ = ______

b)

___ Z = ___ H + ___ Z = ______

______ + ______ = ______

c)

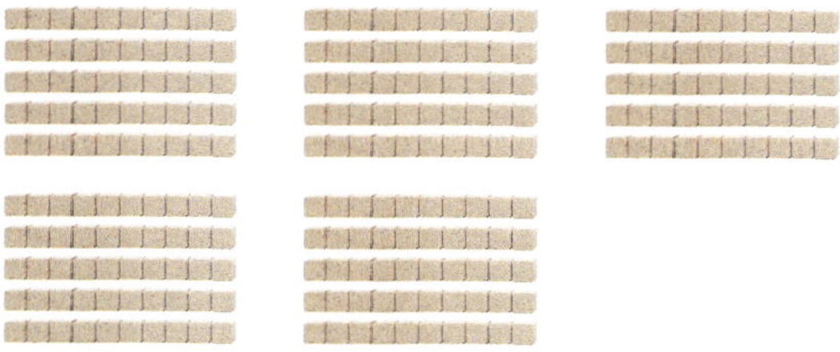

___ Z = ___ H + ___ Z = ______

______ + ______ = ______

d)

___ Z = ___ H + ___ Z = ______

______ + ______ = ______

2 a)

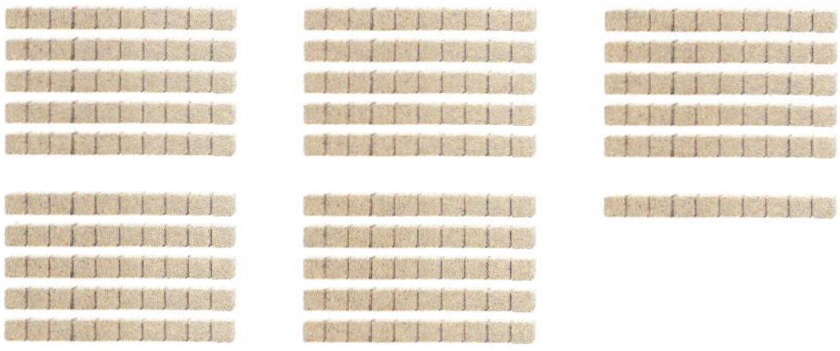

___ Z = ___ H + ___ Z = ______

______ + ______ = ______

b)

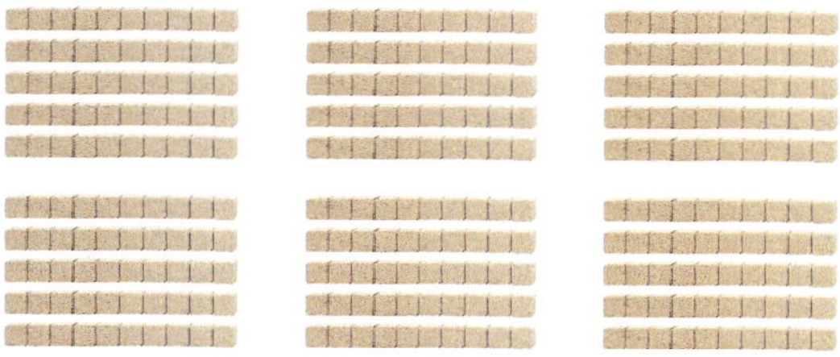

___ Z = ___ H + ___ Z = ______

______ + ______ = ______

c)

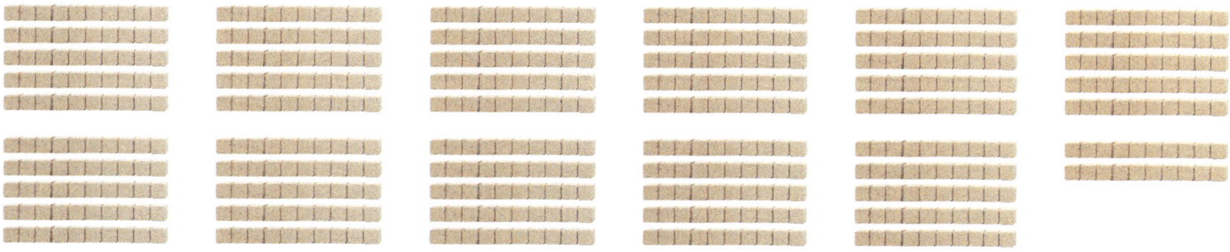

___ Z = ___ H + ___ Z = ______

______ + ______ = ______

› **1 – 2** Gesamtzahl der Zehnerstangen notieren und in Hunderter und Zehner aufschlüsseln, dann die Zerlegungsaufgabe schreiben.

1

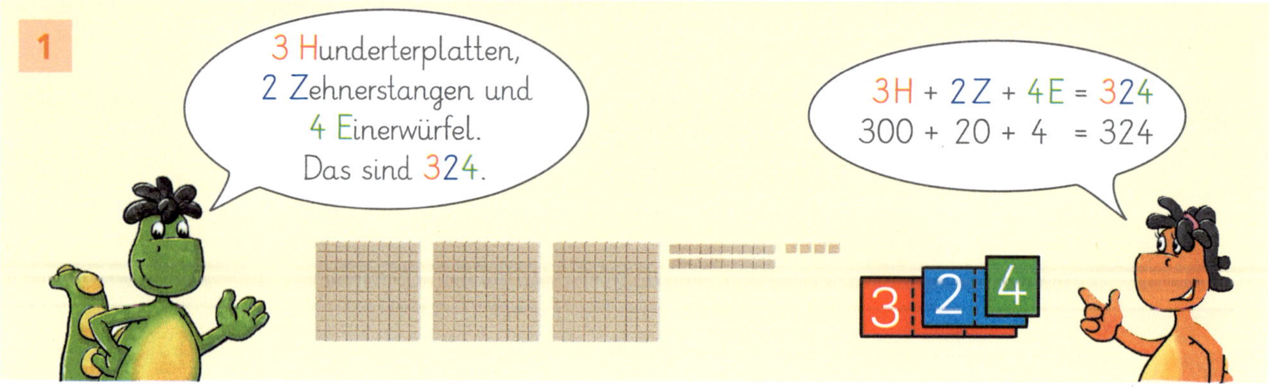

2 Wie viele Hunderter, Zehner und Einer sind es? Schreibe die Aufgabe.

a)

___ H + ___ Z + ___ E = ______

______ + ______ + ______ = ______

b)

___ H + ___ Z + ___ E = ______

______ + ______ + ______ = ______

c)

___ H + ___ Z + ___ E = ______

______ + ______ + ______ = ______

d)

___ H + ___ Z + ___ E = ______

______ + ______ + ______ = ______

3 a)

___ H + ___ Z + ___ E = ______

______ + ______ + ______ = ______

b)

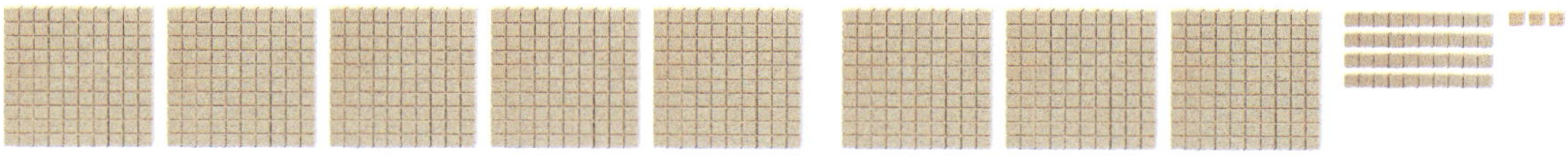

___ H + ___ Z + ___ E = ______

______ + ______ + ______ = ______

c)

___ H + ___ Z + ___ E = ______

______ + ______ + ______ = ______

› **1** Über die Situation sprechen und die verschiedenen Schreibweisen gemeinsam betrachten. Mit unterschiedlichen Zahlen nachspielen.
› **2–3** Anzahl der Hunderter, Zehner und Einer ermitteln und eintragen, dann die Zerlegungsaufgabe schreiben und lösen.

1 Wie heißt die Zahl? Zeichne in Geheimschrift. Schreibe die Aufgabe.

a) 

___ H + ___ Z + ___ E = ______

______ + ______ + ______ = ______

b) 

___ H + ___ Z + ___ E = ______

______ + ______ + ______ = ______

c) 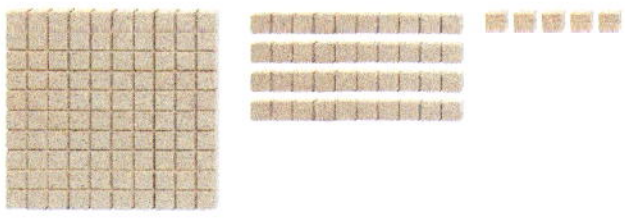

___ H + ___ Z + ___ E = ______

______ + ______ + ______ = ______

d) 

___ H + ___ Z + ___ E = ______

______ + ______ + ______ = ______

2 Wie heißt die Zahl? Schreibe die Aufgabe.

a) 

___ H + ___ Z + ___ E = ______

______ + ______ + ______ = ______

b) 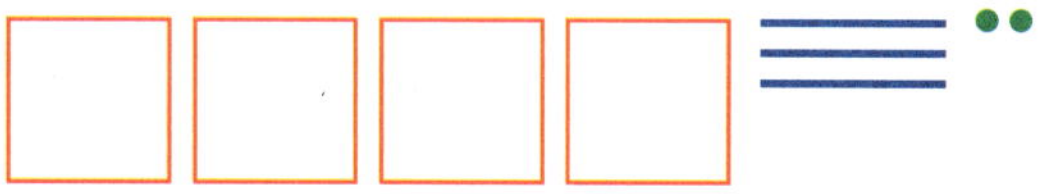

___ H + ___ Z + ___ E = ______

______ + ______ + ______ = ______

c) 

___ H + ___ Z + ___ E = ______

______ + ______ + ______ = ______

d) 

___ H + ___ Z + ___ E = ______

______ + ______ + ______ = ______

› **1** Geheimschrift zur Materialabbildung zeichnen, dann Anzahl der Hunderter, Zehner und Einer sowie die Zerlegungsaufgabe schreiben und lösen.
› **2** Geheimschrift lesen, dazu die Anzahl der Hunderter, Zehner und Einer sowie die Zerlegungsaufgabe schreiben und lösen.

1 Wie heißt die Zahl? Zeichne in Geheimschrift. Schreibe die Aufgabe.

a) 3 5 2

___ H + ___ Z + ___ E = ______

______ + ______ + ______ = ______

b) 2 4 5

___ H + ___ Z + ___ E = ______

______ + ______ + ______ = ______

c) 1 5 8

___ H + ___ Z + ___ E = ______

______ + ______ + ______ = ______

d) 4 3 1

___ H + ___ Z + ___ E = ______

______ + ______ + ______ = ______

2 Lies das Zahlwort. Zeichne in Geheimschrift und schreibe die Aufgabe.

a) vierhundertdreiundzwanzig

___ H + ___ Z + ___ E = ______

______ + ______ + ______ = ______

b) zweihundertvierundfünfzig

___ H + ___ Z + ___ E = ______

______ + ______ + ______ = ______

c) dreihunderteinundvierzig

___ H + ___ Z + ___ E = ______

______ + ______ + ______ = ______

d) einhundertvier

___ H + ___ Z + ___ E = ______

______ + ______ + ______ = ______

› 1 Geheimschrift zu den Zahlenkarten zeichnen, dann Anzahl der Hunderter, Zehner und Einer sowie die Zerlegungsaufgabe notieren.
› 2 Zahlwort lesen und die Geheimschrift dazu zeichnen. Anzahl der Hunderter, Zehner und Einer sowie die Zerlegungsaufgabe notieren.

1 Was gehört zusammen? Verbinde passend.

achthundertsiebenundfünfzig	8 4 6	600 + 70 + 1
sechshunderteinundsiebzig	8 5 7	800 + 40 + 6
achthundertsechsundvierzig	6 7 1	600 + 90 + 5
sechshundertfünfundneunzig	6 9 5	800 + 50 + 7

2 Was gehört zusammen? Verbinde passend.

700 + 80 + 3	7 9 8	siebenhundertdreiundachtzig
700 + 90 + 8	9 8 6	siebenhundertachtundneunzig
900 + 60 + 7	7 8 3	neunhundertsechsundachtzig
900 + 80 + 6	9 6 7	neunhundertsiebenundsechzig

› **1 – 2** Zerlegungsaufgabe, Zahlenkarten-Darstellung und Zahlwort passend verbinden.

1

2 Wie heißt die Aufgabe? Rechne.

a)

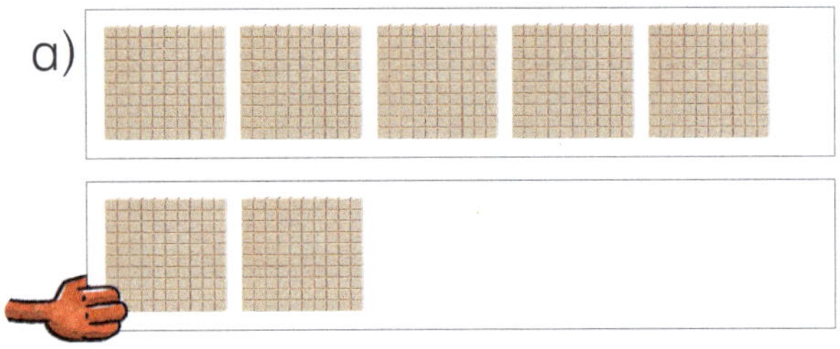

5 H + 2 H = ___ H

500 + ___ = ___

b)

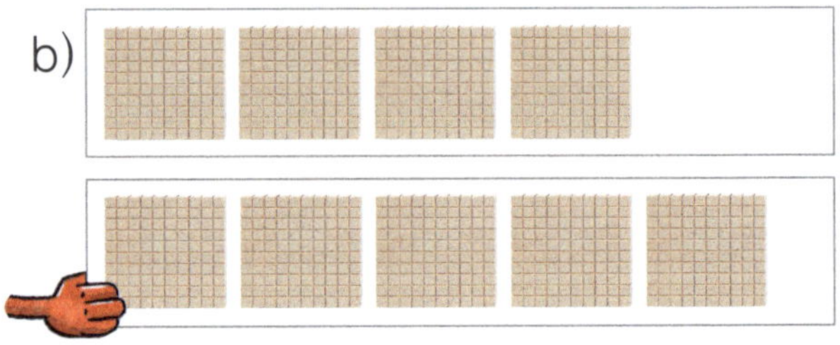

___ H + ___ H = ___ H

___ + ___ = ___

c)

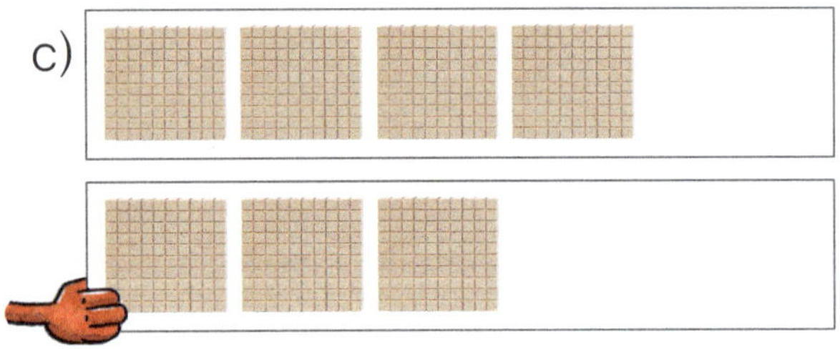

___ H + ___ H = ___ H

___ + ___ = ___

d)

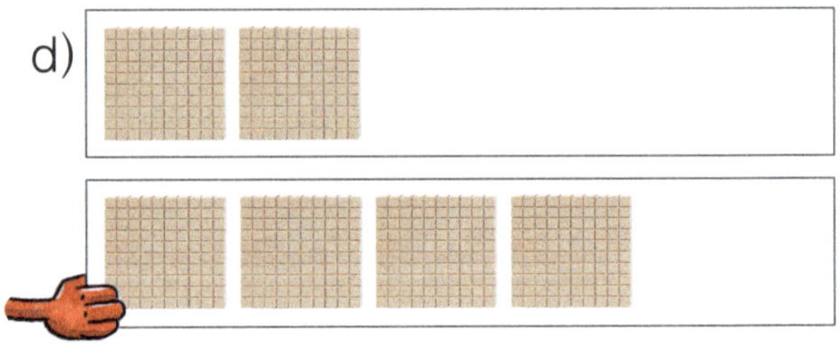

___ H + ___ H = ___ H

___ + ___ = ___

e)

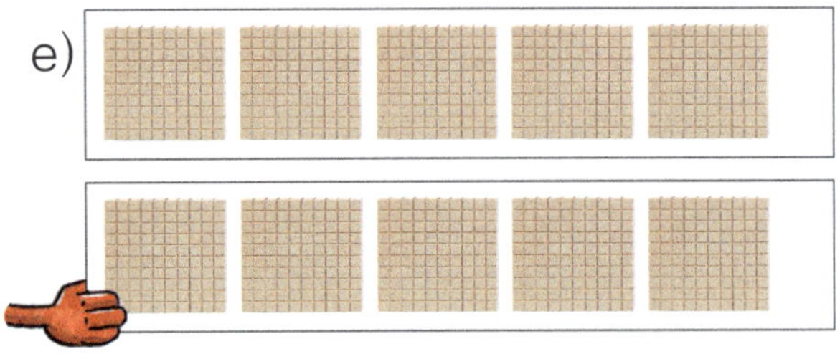

___ H + ___ H = ___ H

___ + ___ = ___

10 H = 1000

3 Lege mit Hunderter-Platten und rechne.

a)	b)	c)
700 + 200 = ___	800 + 100 = ___	200 + 600 = ___
400 + 100 = ___	500 + 300 = ___	800 + 200 = ___
300 + 300 = ___	400 + 400 = ___	300 + 600 = ___

› **1** Über die Situation sprechen. Mit unterschiedlichen Zahlen nachspielen und die Aufgabe nennen.
› **2–3** Additionsaufgaben mit Hunderterplatten legen, dann Aufgabe notieren und lösen.

1

2 Wie heißt die Aufgabe? Rechne.

a) 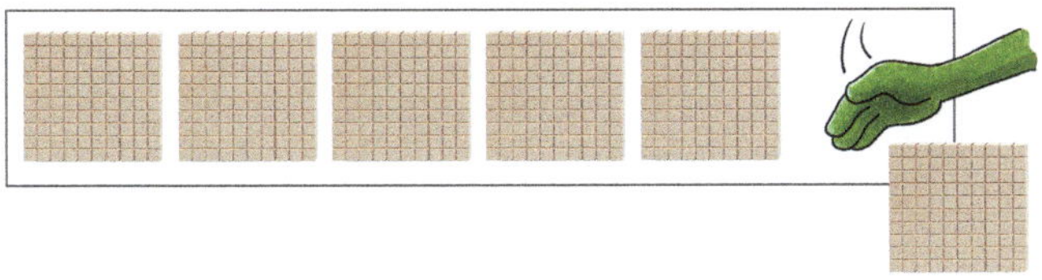

6 H – 1 H = ___ H

600 – ___ = ___

b) 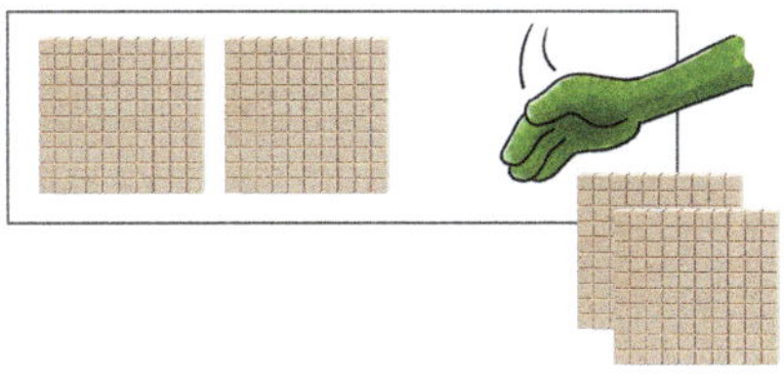

___ H – ___ H = ___ H

___ – ___ = ___

c) 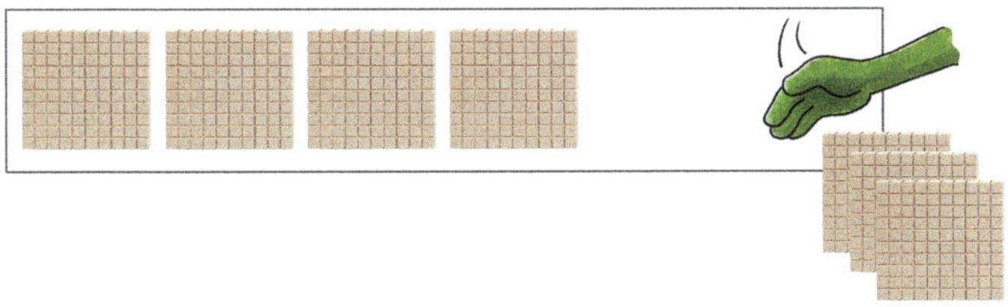

___ H – ___ H = ___ H

___ – ___ = ___

d) 

___ H – ___ H = ___ H

___ – ___ = ___

3 Lege mit Hunderter-Platten und rechne.

a)	b)	c)
300 – 100 = ___	900 – 500 = ___	800 – 600 = ___
700 – 200 = ___	800 – 300 = ___	900 – 200 = ___
600 – 200 = ___	500 – 400 = ___	700 – 500 = ___

4 **Hunderterzahlen addieren und subtrahieren**

Ein Kind legt eine Plus-Aufgabe
oder eine Minus-Aufgabe
mit Hunderterplatten.
Das andere Kind sagt die Aufgabe
und schreibt sie auf.

› **1** Über die Situation sprechen. Mit unterschiedlichen Zahlen nachspielen und die Aufgabe nennen.
› **2–3** Subtraktionsaufgaben mit Hunderterplatten legen, dann Aufgabe notieren und lösen.

1

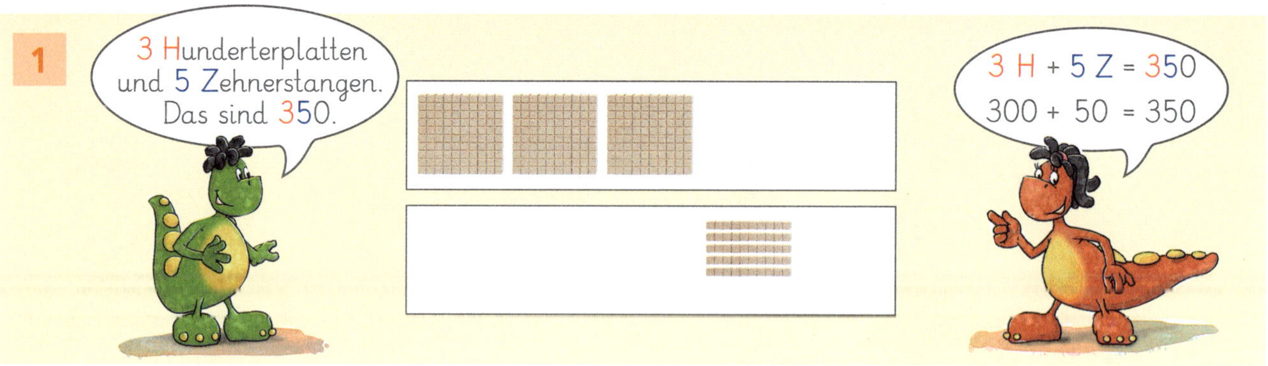

2 Wie heißt die Aufgabe? Schreibe und rechne.

a)

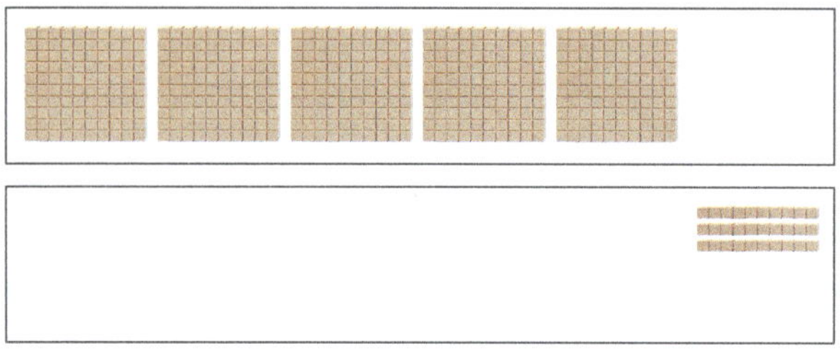

5 H + ___ Z = 530

500 + ______ = ______

b)

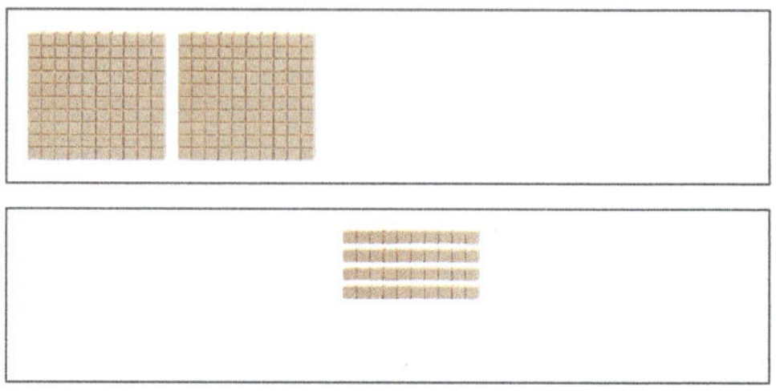

___ H + ___ Z = ______

______ + ______ = ______

3 Löse mit der Geheimschrift.

a) 300 + 60 = ______

b) 600 + 20 = ______

c) 500 + 10 = ______

d) 400 + 30 = ______

4 Lege mit dem Material oder löse mit der Geheimschrift.

a) 700 + 20 = ______
400 + 80 = ______

b) 900 + 70 = ______
300 + 60 = ______

c) 600 + 40 = ______
200 + 10 = ______

› 2–3 Additionsaufgaben mit Material legen oder in Geheimschrift zeichnen, dann Aufgabe notieren und lösen.
› 4 Gegebenenfalls die Geheimschrift im Heft oder auf einem zusätzlichen Blatt zeichnen.

1

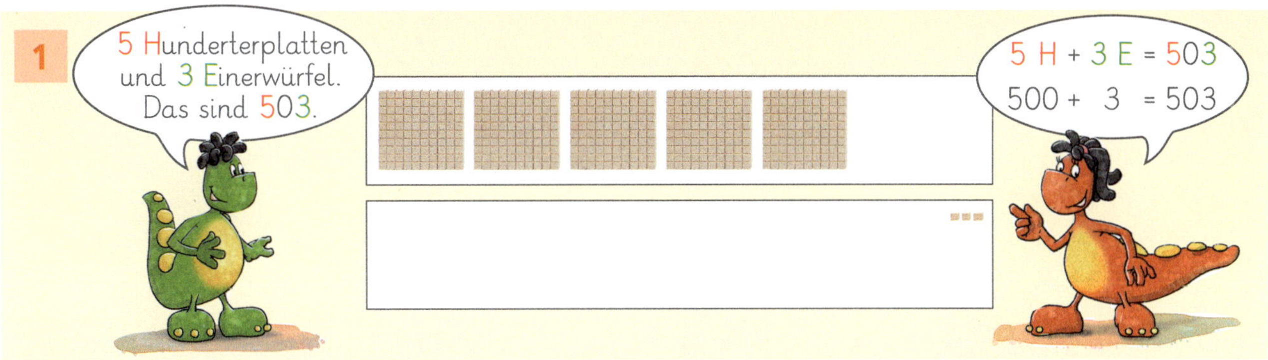

2 Wie heißt die Aufgabe? Schreibe und rechne.

a)

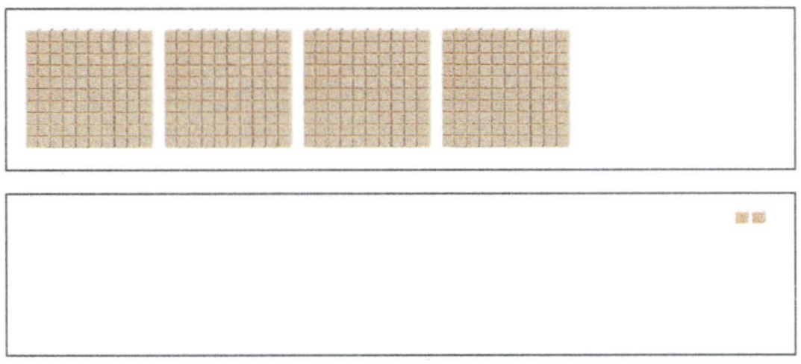

4 H + ___ E = 402

400 + _____ = _____

b)

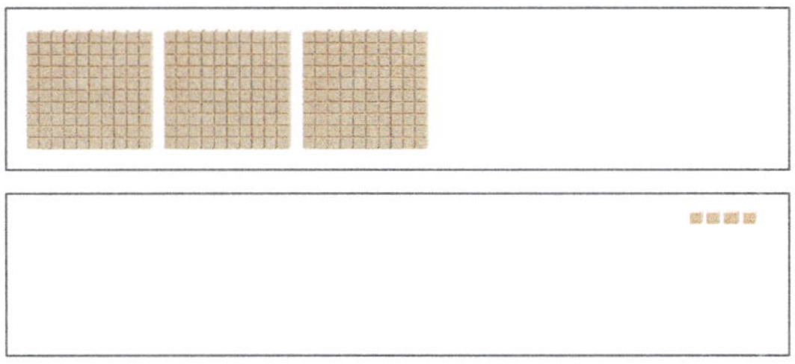

___ H + ___ E = _____

_____ + _____ = _____

3 Löse mit der Geheimschrift.

a) 500 + 4 = _____

b) 400 + 8 = _____

c) 200 + 7 = _____

d) 300 + 5 = _____

4 Lege mit dem Material oder löse mit der Geheimschrift.

a) 900 + 6 = _____
600 + 9 = _____

b) 800 + 7 = _____
200 + 1 = _____

c) 500 + 2 = _____
100 + 5 = _____

› **2–3** Additionsaufgaben mit Material legen oder in Geheimschrift zeichnen, dann Aufgabe notieren und lösen.
› **4** Gegebenenfalls die Geheimschrift im Heft oder auf einem zusätzlichen Blatt zeichnen.

1

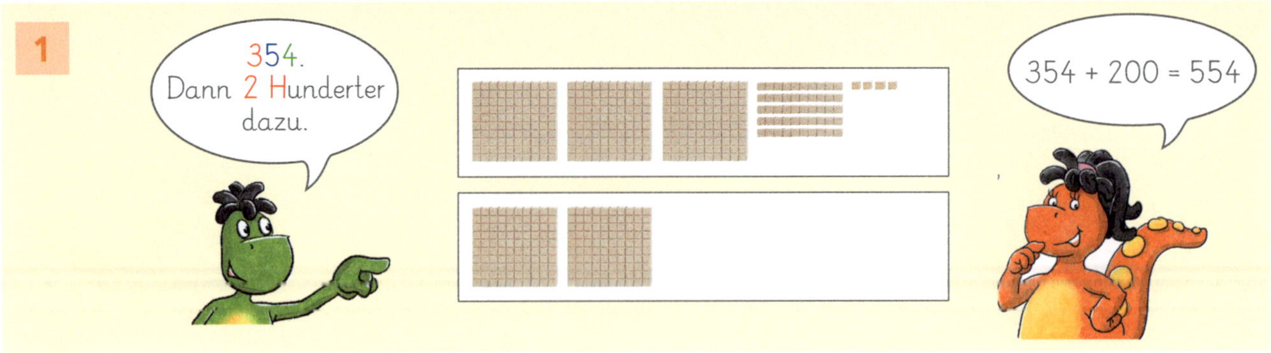

2 Wie heißt die Aufgabe? Schreibe und rechne.

a)

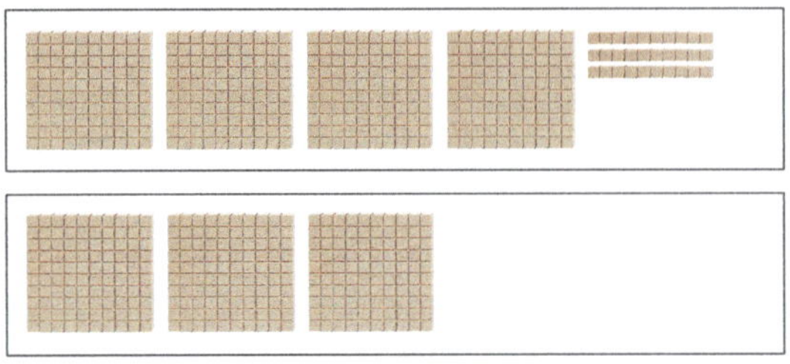

430 + ______ = ______

b)

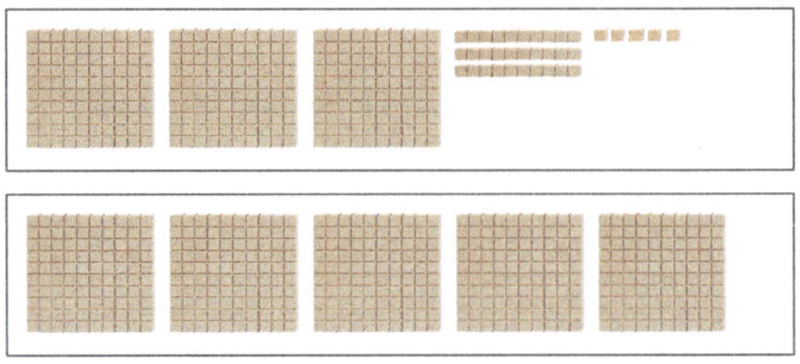

335 + ______ = ______

3 Wie heißt die Aufgabe? Schreibe und rechne.

a)

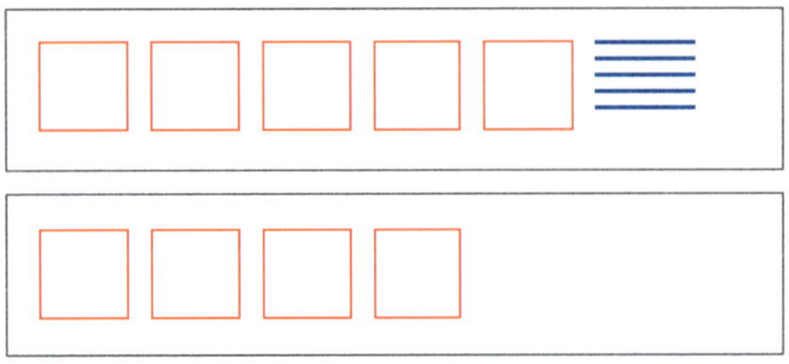

550 + ______ = ______

b)

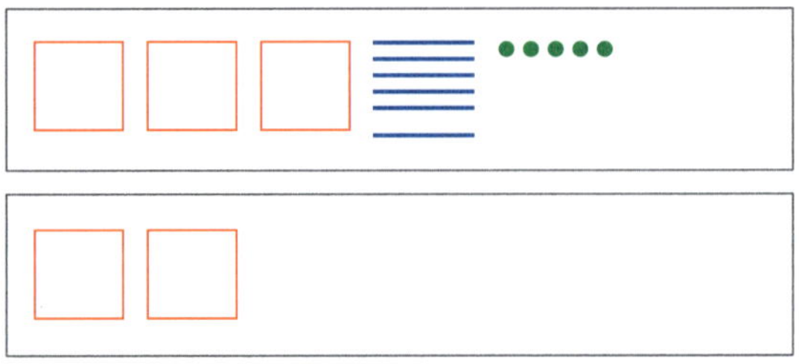

______ + ______ = ______

4 Löse mit der Geheimschrift.

a) 320 + 400 = ______

b) 234 + 500 = ______

5 Lege mit dem Material oder löse mit der Geheimschrift.

a) 354 + 100 = ______
354 + 300 = ______

b) 132 + 500 = ______
332 + 100 = ______

c) 540 + 100 = ______
508 + 400 = ______

› **2–4** Additionsaufgaben mit Material legen oder in Geheimschrift zeichnen, dann Aufgabe notieren und lösen.
› **5** Gegebenenfalls die Geheimschrift im Heft oder auf einem zusätzlichen Blatt zeichnen.

1

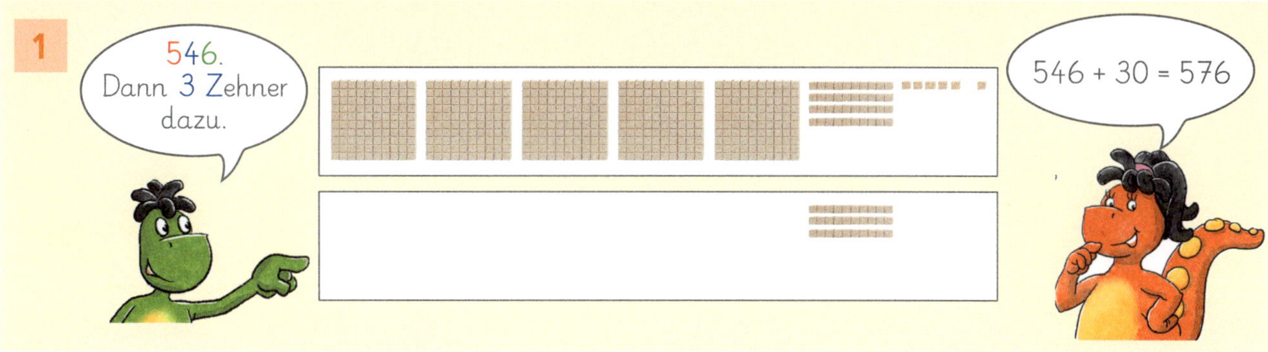

2 Wie heißt die Aufgabe? Schreibe und rechne.

a)

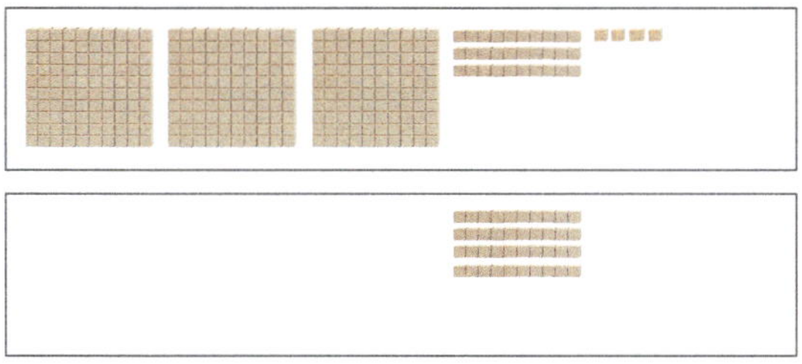

334 + ______ = ______

b)

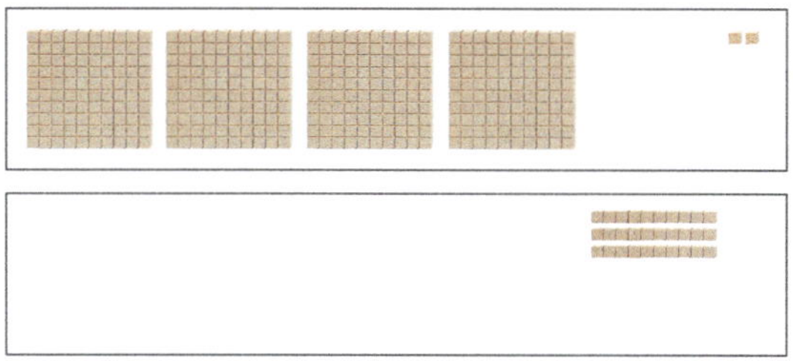

402 + ______ = ______

3 Wie heißt die Aufgabe? Schreibe und rechne.

a)

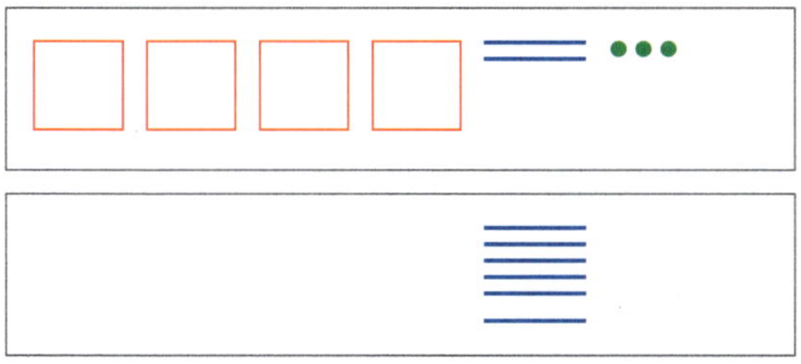

423 + ______ = ______

b)

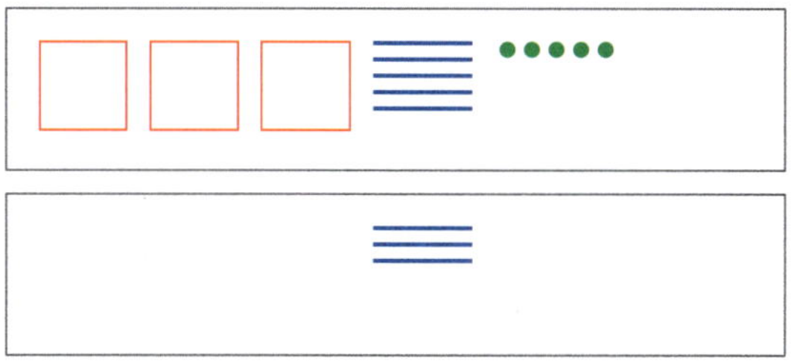

______ + ______ = ______

4 Löse mit der Geheimschrift.

a) 360 + 20 = ______

b) 431 + 50 = ______

5 Lege mit dem Material oder löse mit der Geheimschrift.

a) 547 + 50 = ______
529 + 60 = ______

b) 323 + 30 = ______
356 + 40 = ______

c) 430 + 50 = ______
401 + 80 = ______

› **2–4** Additionsaufgaben mit Material legen oder in Geheimschrift zeichnen, dann Aufgabe notieren und lösen.
› **5** Gegebenenfalls die Geheimschrift im Heft oder auf einem zusätzlichen Blatt zeichnen.

1

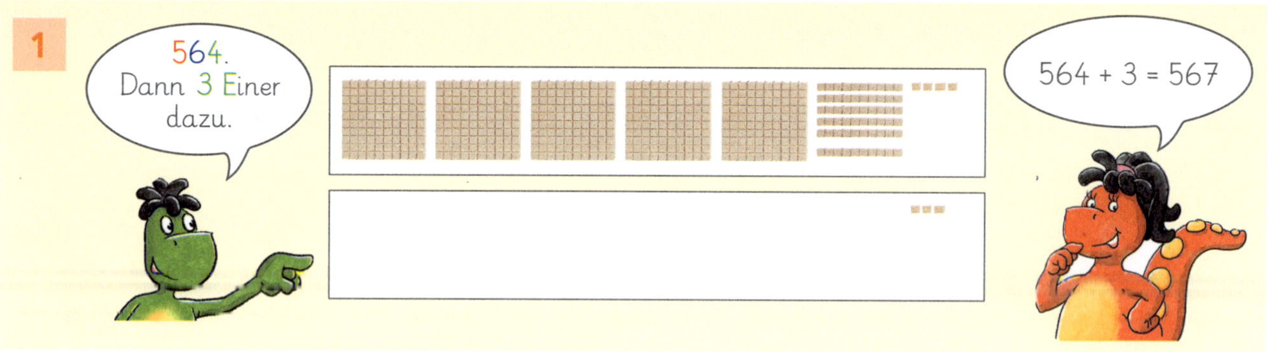

2 Wie heißt die Aufgabe? Schreibe und rechne.

a)

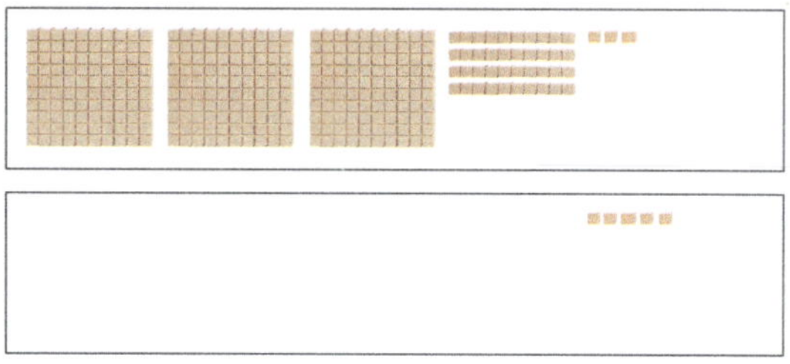

343 + ______ = ______

b)

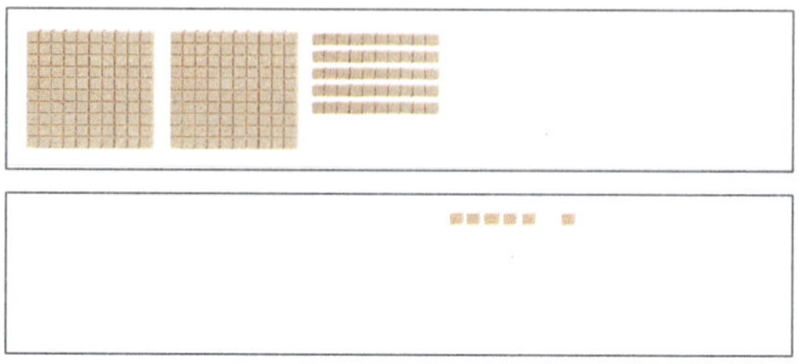

______ + ______ = ______

3 Wie heißt die Aufgabe? Schreibe und rechne.

a)

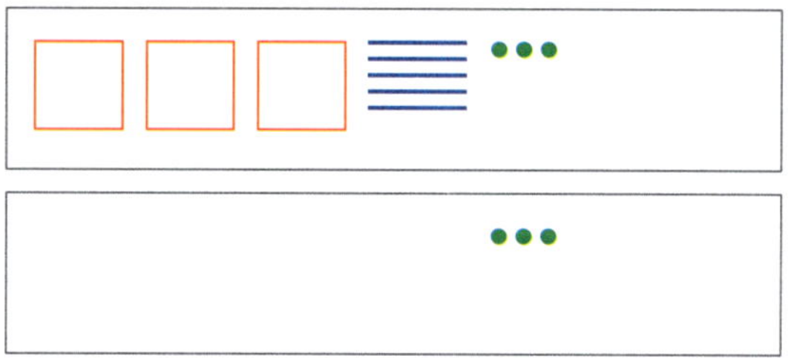

353 + ______ = ______

b)

______ + ______ = ______

4 Löse mit der Geheimschrift.

a) 344 + 4 = ______

b) 263 + 6 = ______

5 Lege mit dem Material oder löse mit der Geheimschrift.

a) 243 + 5 = ______
243 + 2 = ______

b) 405 + 4 = ______
405 + 3 = ______

c) 134 + 4 = ______
134 + 2 = ______

› **5** Gegebenenfalls die Geheimschrift im Heft oder auf einem zusätzlichen Blatt zeichnen.

1

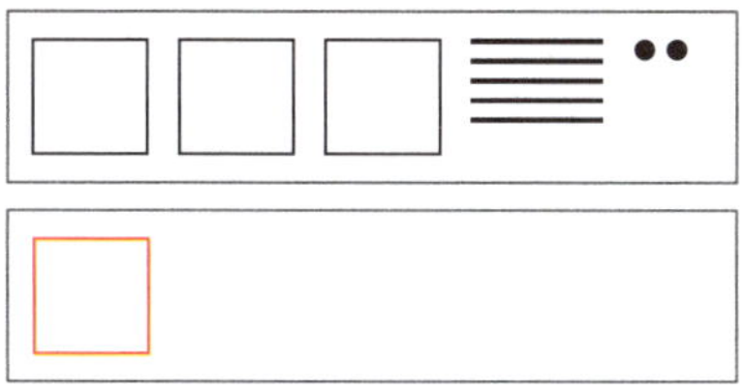

352 + 100 = ______

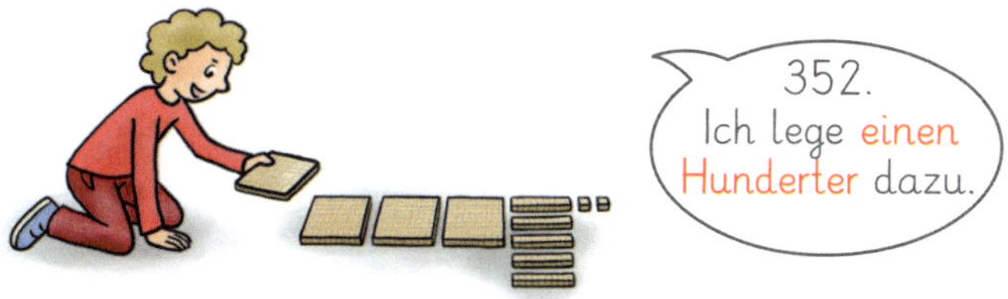

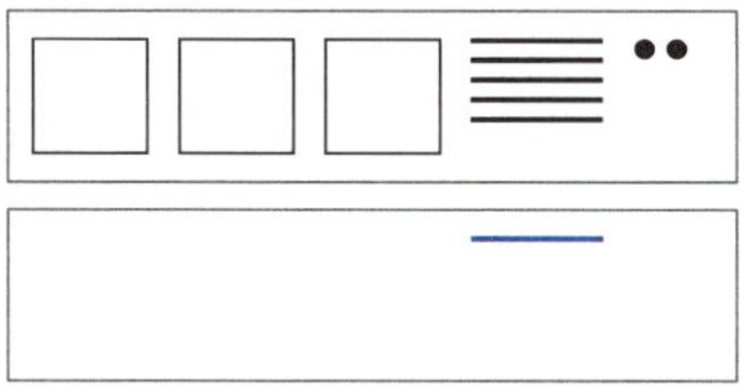

352 + 10 = ______

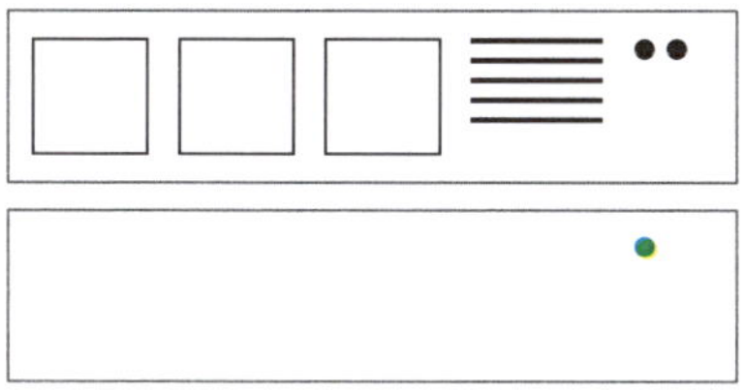

352 + 1 = ______

2 Schreibe die passende Aufgabe und das Ergebnis.

a)

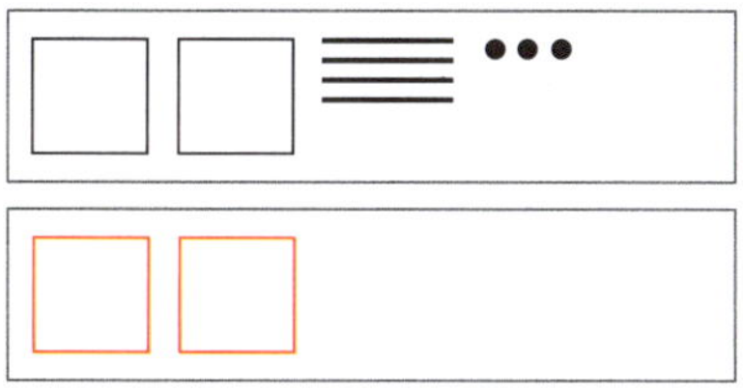

243 + ______ = ______

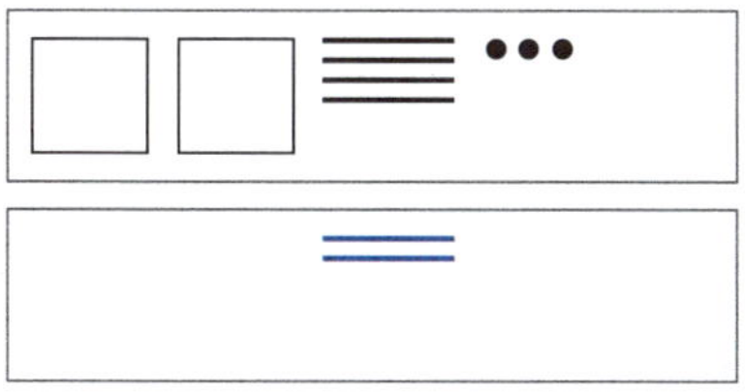

243 + ______ = ______

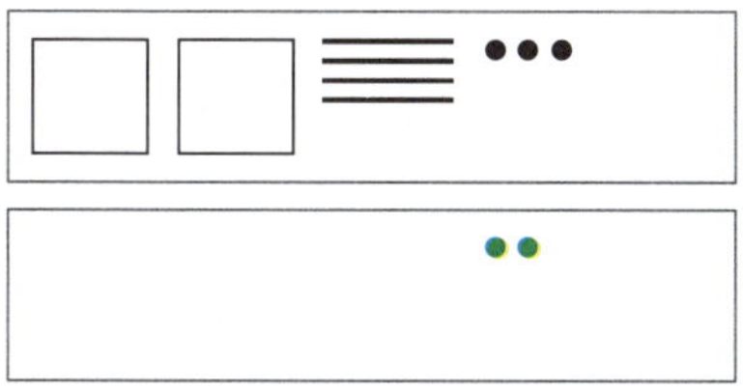

243 + ______ = ______

b)

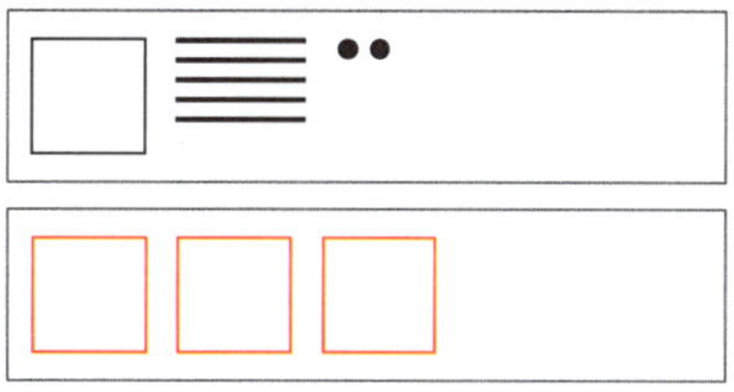

152 + ______ = ______

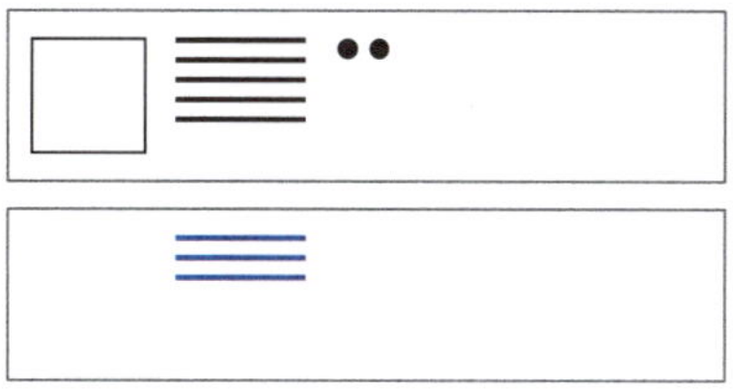

152 + ______ = ______

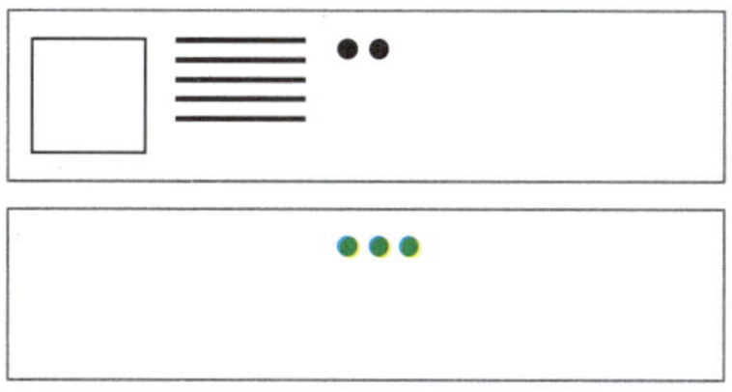

152 + ______ = ______

› **1–2** Zusammenhang der Aufgaben deutlich machen: Startzahl mit Material legen und nacheinander Hunderter, Zehner und Einer verändern. Ggf. thematisieren, welche Stelle im Ergebnis sich jeweils verändert.

Hunderter von gemischten Zahlen subtrahieren

1

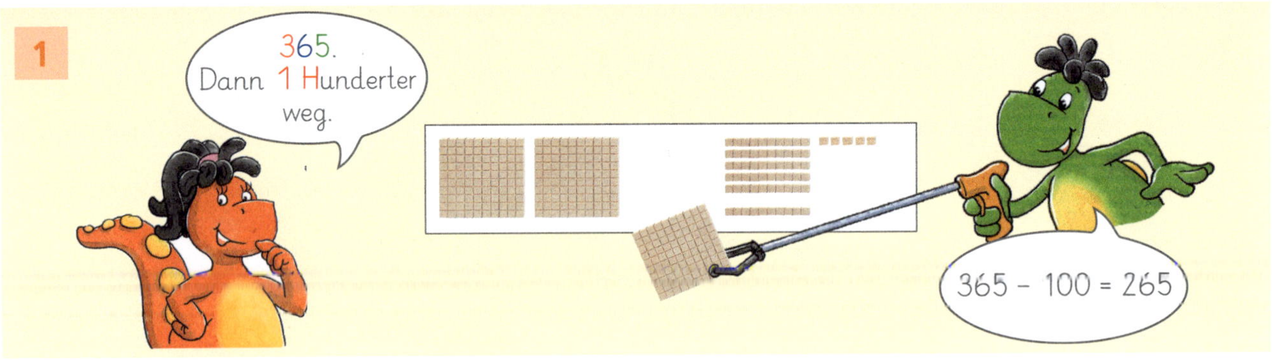

2 Wie heißt die Aufgabe? Schreibe und rechne.

a)

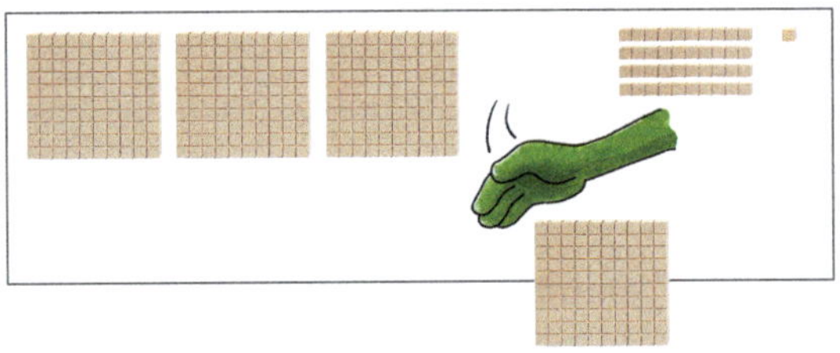

441 – ______ = ______

b)

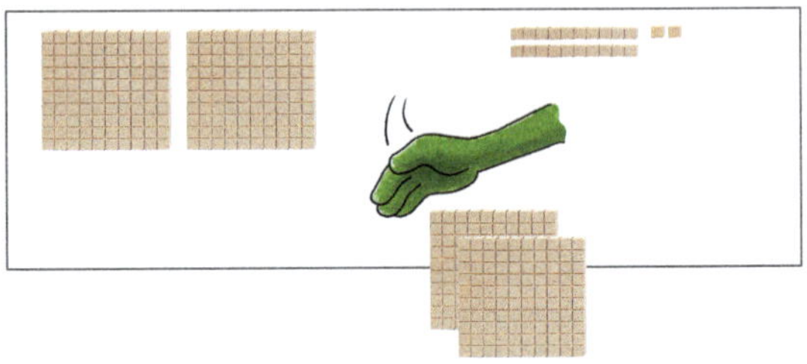

422 – ______ = ______

3 Wie heißt die Aufgabe? Schreibe und rechne.

a)

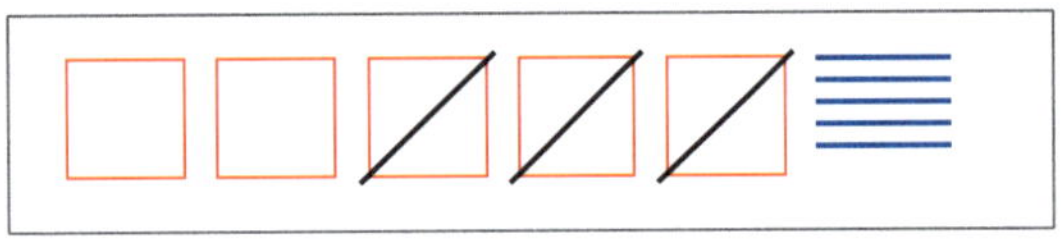

550 – ______ = ______

b)

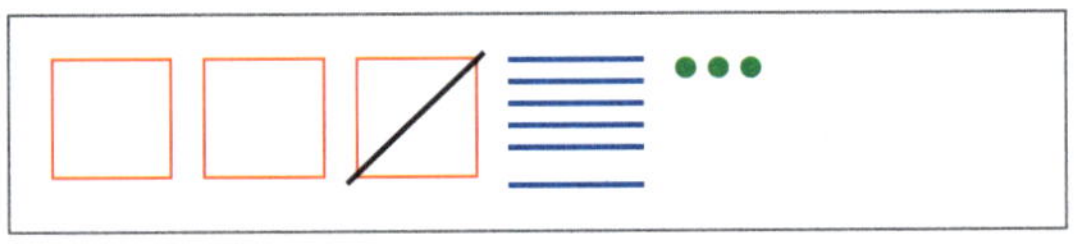

363 – ______ = ______

c)

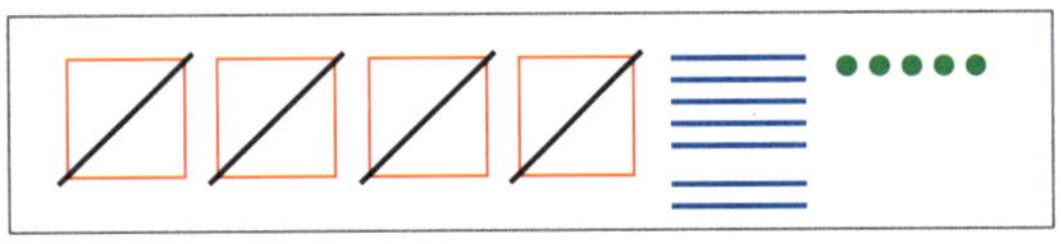

______ – ______ = ______

d)

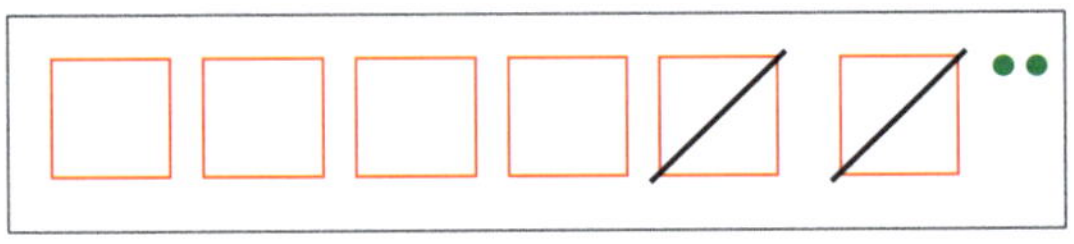

______ – ______ = ______

4 Löse mit der Geheimschrift.

a) 410 – 300 = ______

b) 328 – 200 = ______

5 Lege mit dem Material oder löse mit der Geheimschrift.

a) 663 – 400 = ______
643 – 100 = ______

b) 564 – 200 = ______
574 – 300 = ______

c) 710 – 300 = ______
708 – 100 = ______

› **2–4** Subtraktionsaufgaben mit Material legen oder in Geheimschrift zeichnen, dann Aufgabe notieren und lösen.
› **5** Gegebenenfalls die Geheimschrift im Heft oder auf einem zusätzlichen Blatt zeichnen.

1

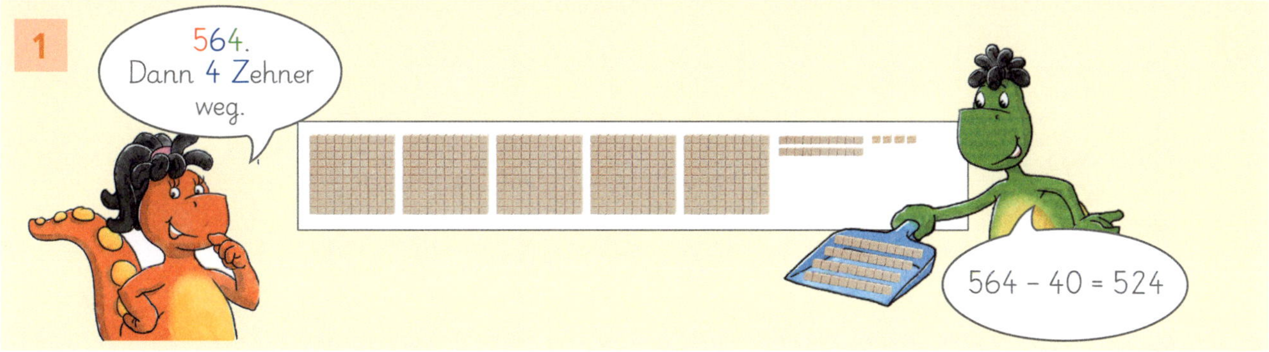

2 Wie heißt die Aufgabe? Schreibe und rechne.

a)
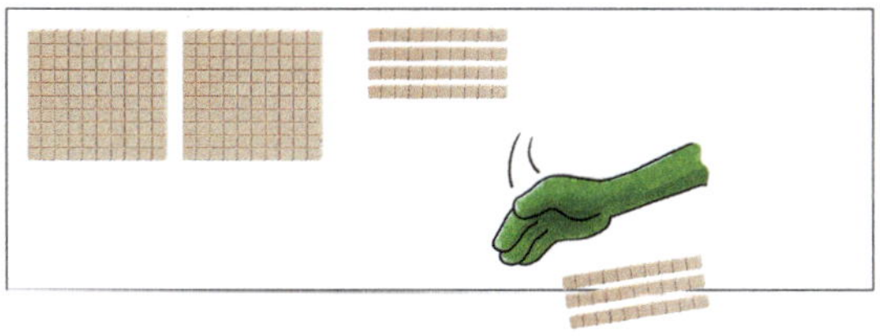

270 – ______ = ______

b)

266 – ______ = ______

3 Wie heißt die Aufgabe? Schreibe und rechne.

a)

471 – ______ = ______

b)
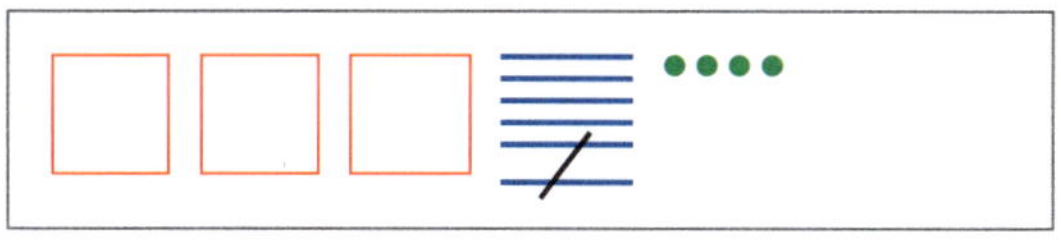

364 – ______ = ______

c)
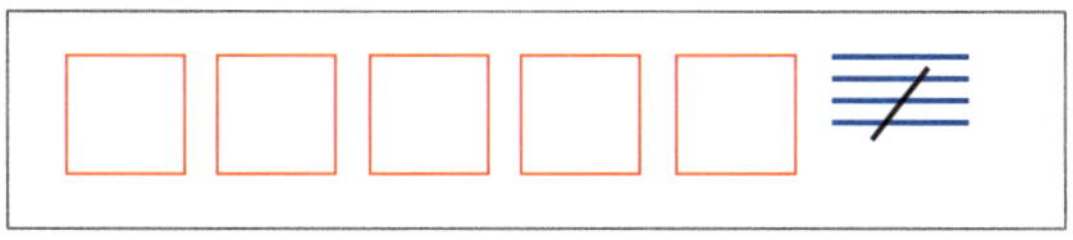

______ – ______ = ______

d)
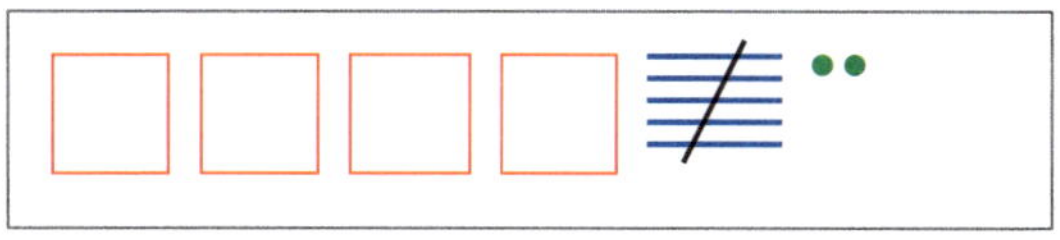

______ – ______ = ______

4 Löse mit der Geheimschrift.

a) 460 – 30 = ______

b) 383 – 40 = ______

5 Lege mit dem Material oder löse mit der Geheimschrift.

a) 561 – 50 = ______
542 – 30 = ______

b) 495 – 60 = ______
465 – 50 = ______

c) 380 – 30 = ______
350 – 20 = ______

› **2–4** Subtraktionsaufgaben mit Material legen oder in Geheimschrift zeichnen, dann Aufgabe notieren und lösen.
› **5** Gegebenenfalls die Geheimschrift im Heft oder auf einem zusätzlichen Blatt zeichnen.

1

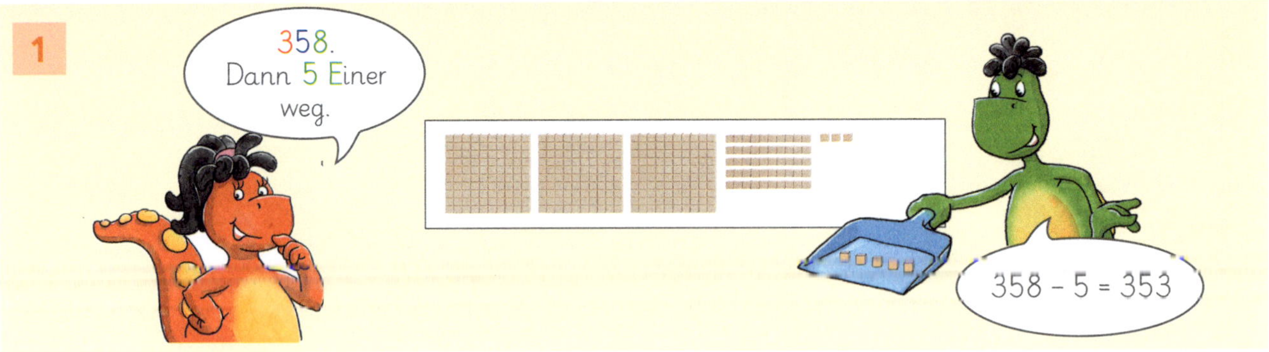

2 Wie heißt die Aufgabe? Schreibe und rechne.

a)

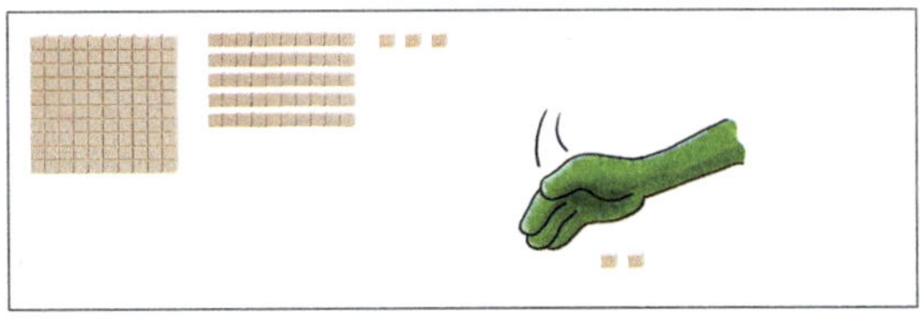

155 – ______ = ______

b)

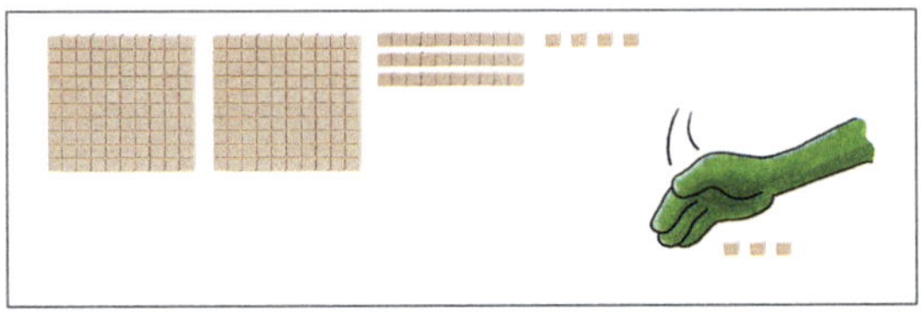

237 – ______ = ______

3 Wie heißt die Aufgabe? Schreibe und rechne.

a)

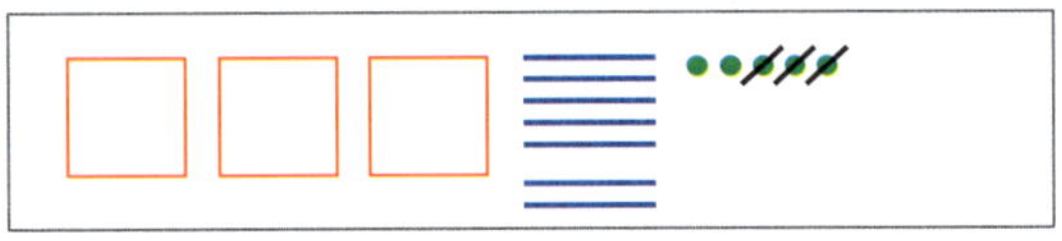

375 – ______ = ______

b)

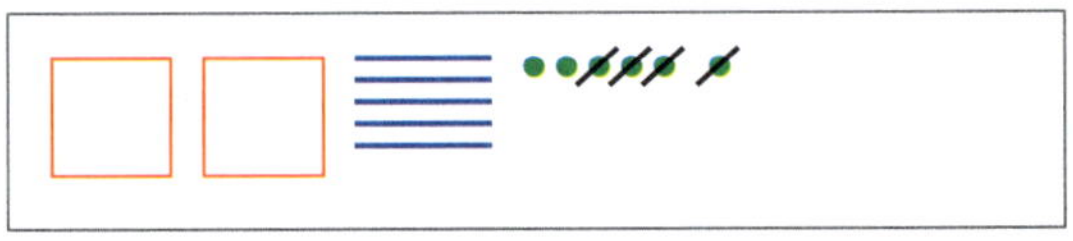

256 – ______ = ______

c)

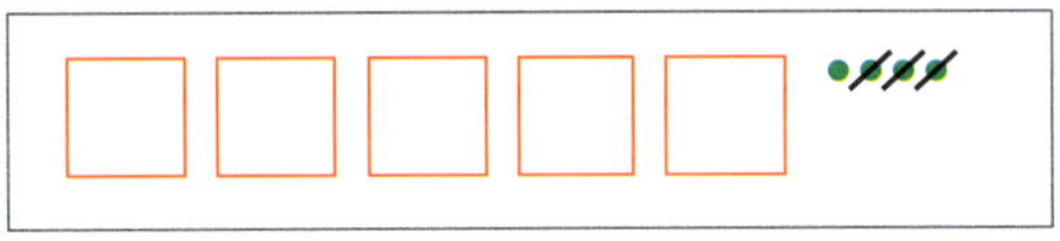

______ – ______ = ______

d)

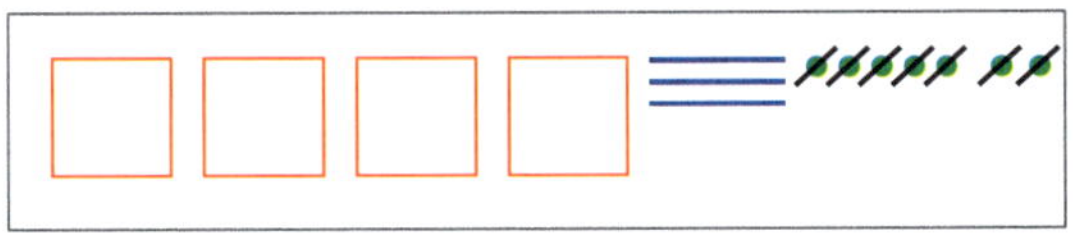

______ – ______ = ______

4 Löse mit der Geheimschrift.

a) 267 – 5 = ______

b) 158 – 7 = ______

5 Lege mit dem Material oder löse mit der Geheimschrift.

a) 345 – 3 = ______
348 – 3 = ______
346 – 3 = ______

b) 456 – 5 = ______
456 – 2 = ______
456 – 4 = ______

c) 238 – 4 = ______
235 – 2 = ______
239 – 6 = ______

› **2–4** Subtraktionsaufgaben mit Material legen oder in Geheimschrift zeichnen, dann Aufgabe notieren und lösen.
› **5** Gegebenenfalls die Geheimschrift im Heft oder auf einem zusätzlichen Blatt zeichnen.

1

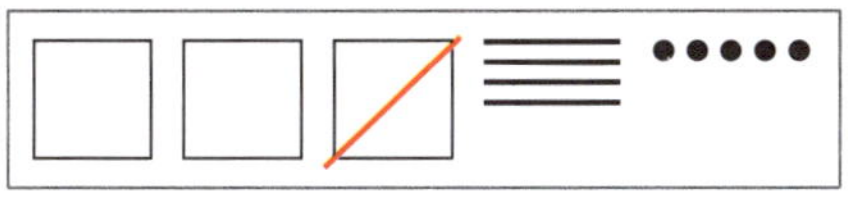

345 – 100 = ______

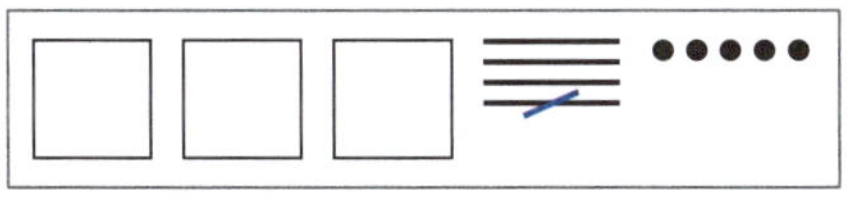

345 – 10 = ______

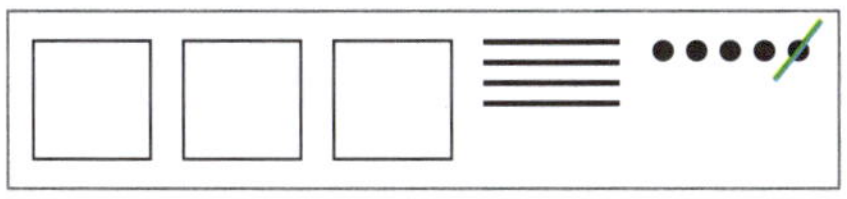

345 – 1 = ______

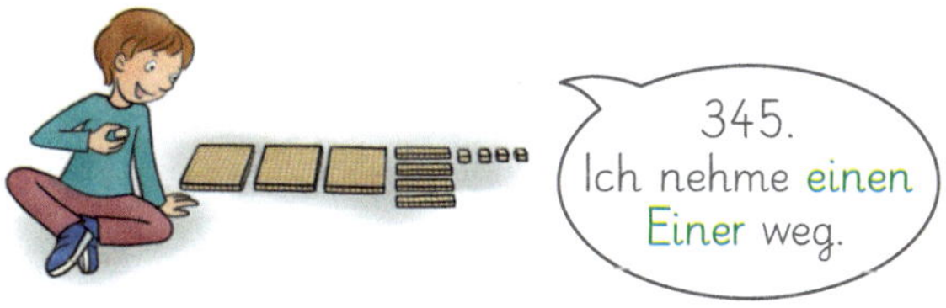

2 Schreibe die passende Aufgabe und das Ergebnis.

a)

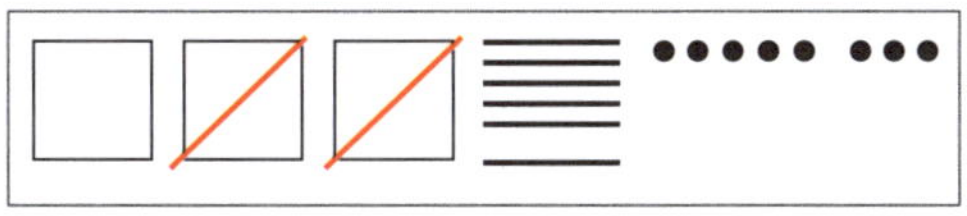

368 – ______ = ______

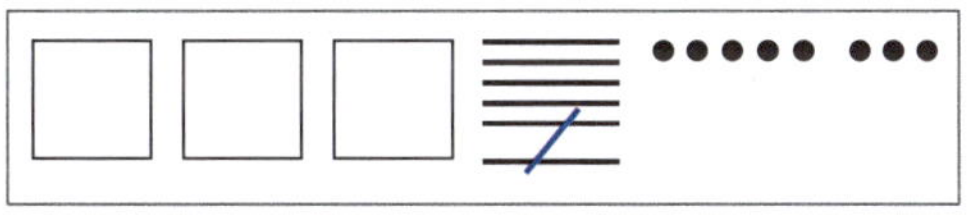

368 – ______ = ______

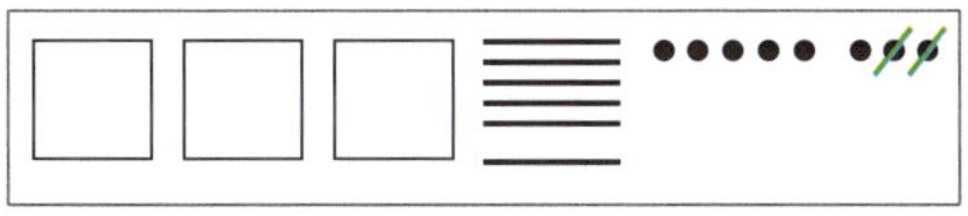

368 – ______ = ______

b)

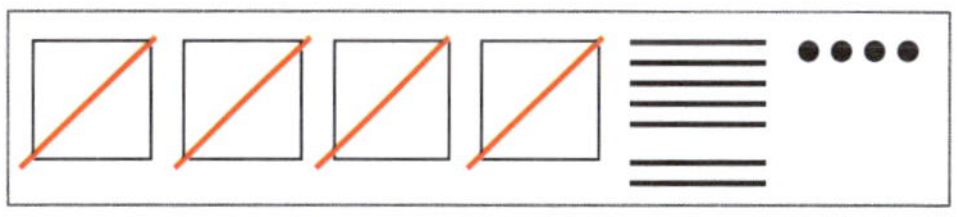

474 – ______ = ______

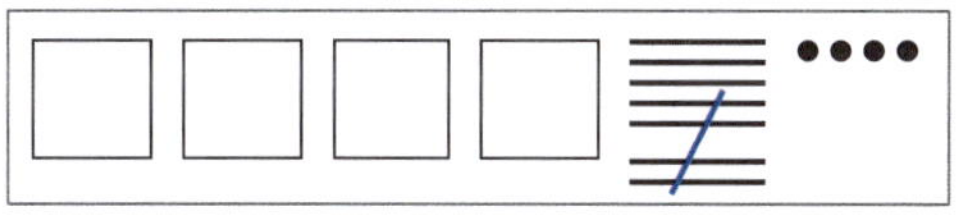

474 – ______ = ______

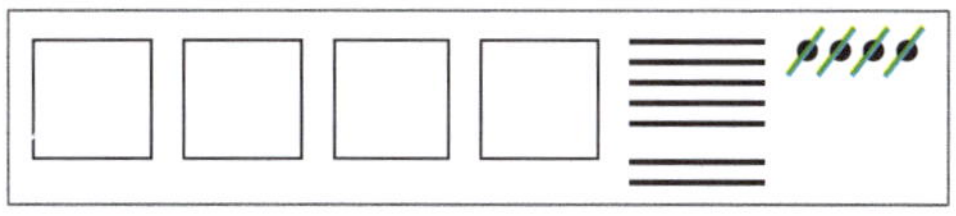

474 – ______ = ______

3 Hunderter, Zehner oder Einer?
Lege mit dem Material oder löse mit der Geheimschrift.

a) 537 – 200 = ______
537 – 20 = ______
537 – 2 = ______

b) 856 – 300 = ______
856 – 30 = ______
856 – 3 = ______

c) 675 – 500 = ______
675 – 50 = ______
675 – 5 = ______

› 1 – 3 Zusammenhang der Aufgaben deutlich machen: Startzahl mit Material legen und nacheinander Hunderter, Zehner und Einer verändern. Ggf. thematisieren, welche Stelle im Ergebnis sich jeweils verändert.

1

243

Ich lege:
2 Hunderterplatten,
4 Zehnerstangen,
3 Einerwürfel.

Ich lege
in die Stellentafel:
2 Plättchen an die Hunderterstelle,
4 Plättchen an die Zehnerstelle,
3 Plättchen an die Einerstelle.

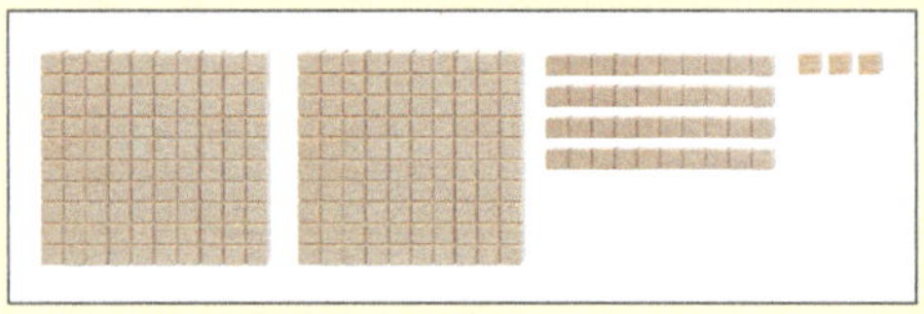
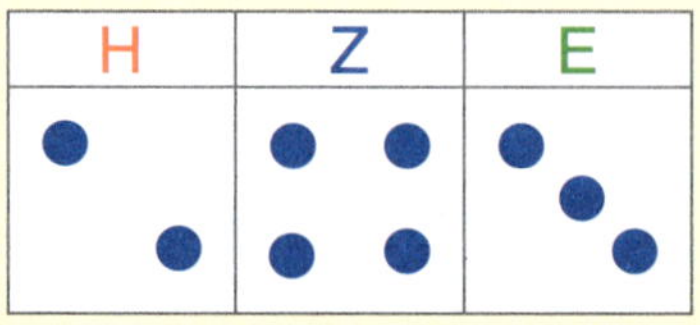

2 H + 4 Z + 3 E = 243

200 + 40 + 3 = 243

2 Lege und male die Plättchen in die Stellentafel. Wie heißen die Zahlen?

a)

H	Z	E

___ H + ___ Z + ___ E = ______

______ + ______ + ______ = ______

b)

H	Z	E

___ H + ___ Z + ___ E = ______

______ + ______ + ______ = ______

c)

H	Z	E

___ H + ___ Z + ___ E = ______

______ + ______ + ______ = ______

› 1 Über die Situation sprechen und die beiden Darstellungen vergleichen. Mit unterschiedlichen Zahlen nachspielen.
› 2 Dargestellte Zahl mit Plättchen in die Stellentafel legen und zeichnen, Anzahl der Hunderter, Zehner und Einer sowie die Zerlegungsaufgabe notieren.

1 Plättchen in der Stellentafel. Wie heißen die Zahlen?

a) 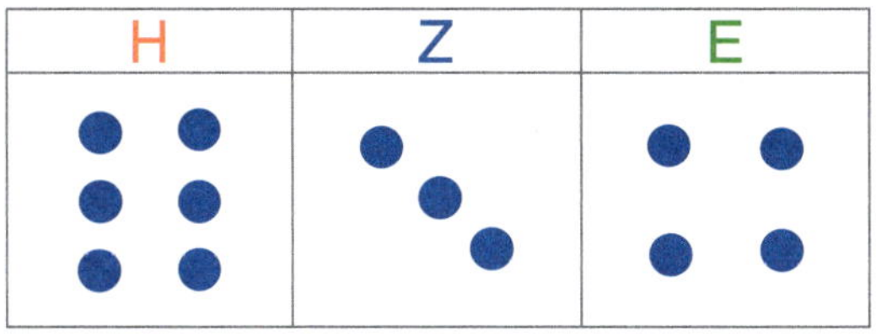

6 H + 3 Z + 4 E = ___

600 + 30 + 4 = ___

b) 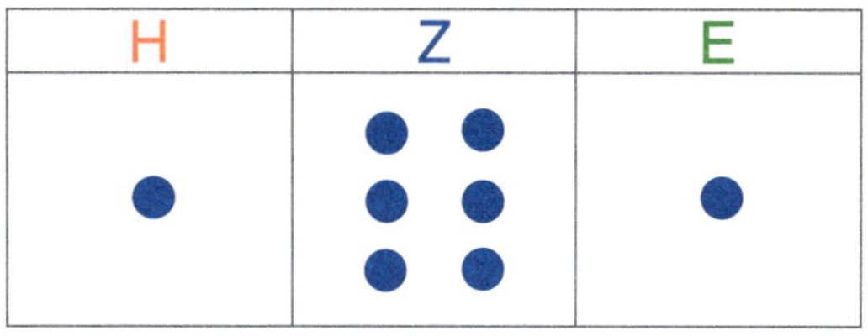

___ H + ___ Z + ___ E = ___

___ + ___ + ___ = ___

c) 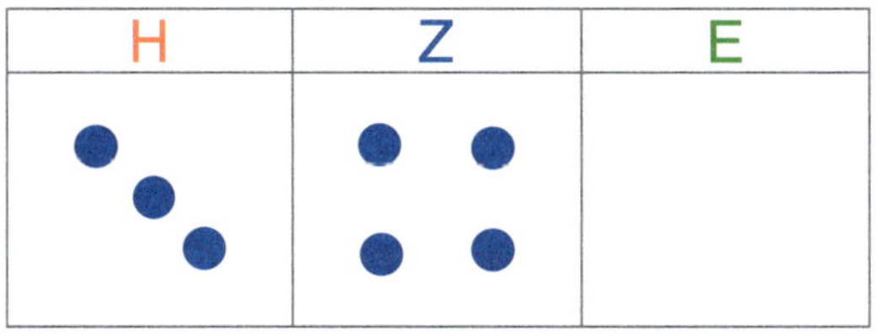

___ H + ___ Z + ___ E = ___

___ + ___ + ___ = ___

d) 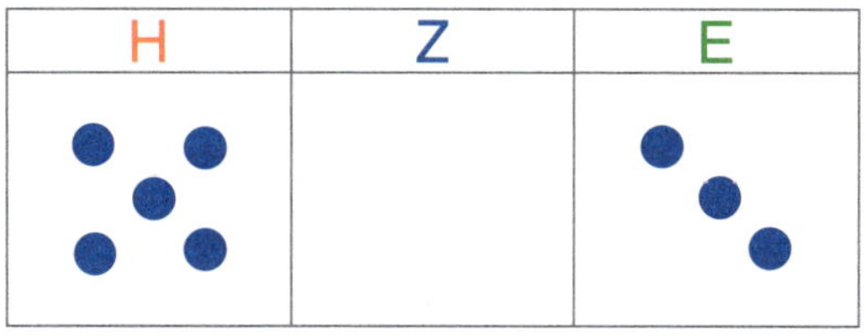

___ H + ___ Z + ___ E = ___

___ + ___ + ___ = ___

2 Male die Plättchen in die Stellentafel. Wie heißen die Zahlen?

a)

H	Z	E

2 H + 1 Z + 3 E = ___

200 + 10 + 3 = ___

b)

H	Z	E

4 H + 2 Z + 1 E = ___

___ + ___ + ___ = ___

c)

H	Z	E

1 H + 0 Z + 5 E = ___

___ + ___ + ___ = ___

d)

H	Z	E

3 H + 3 Z + 0 E = ___

___ + ___ + ___ = ___

› **1** Dargestellte Zahl erkennen, Anzahl der Hunderter, Zehner und Einer sowie die Zerlegungsaufgabe notieren.
› **2** Entsprechend der Vorgabe Plättchen in die Stellentafel legen und zeichnen, auch die Zerlegungsaufgabe dazu notieren.

1 Was gehört zusammen? Verbinde.

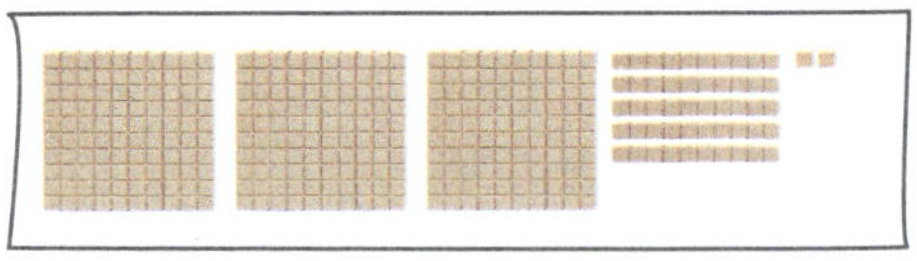

3H+5Z+2E

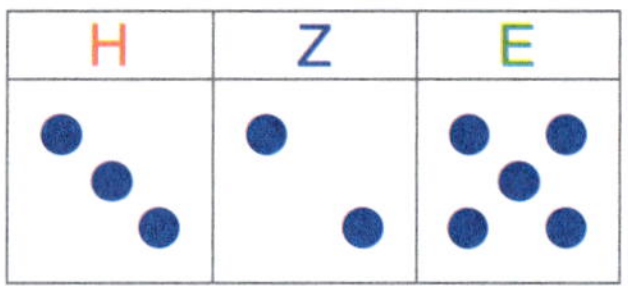

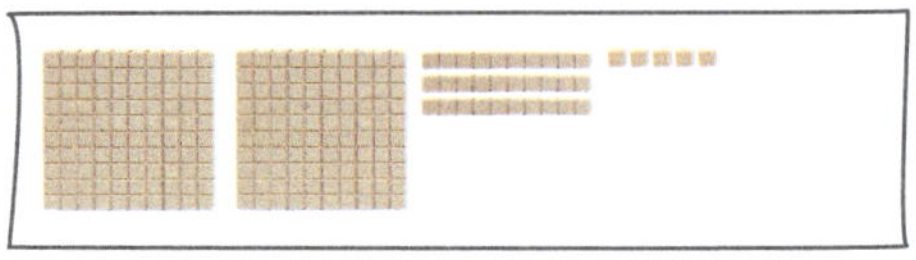

3H+2Z+5E

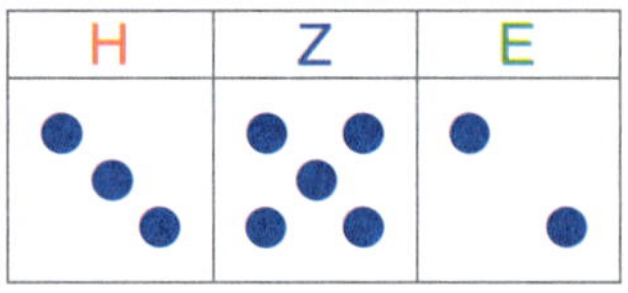

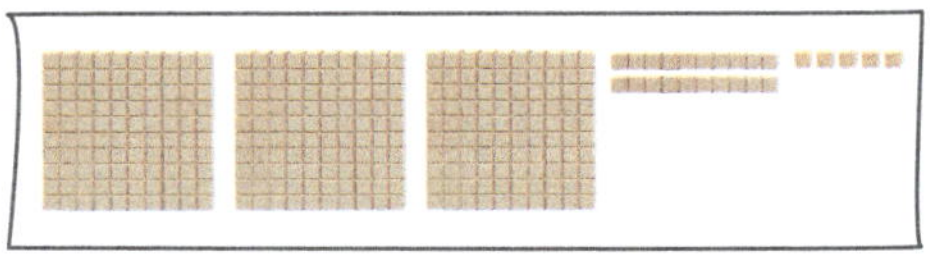

2H+3Z+5E

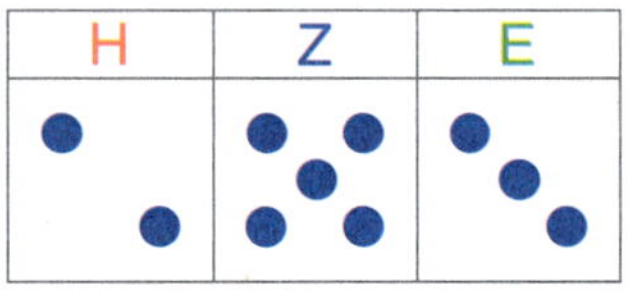

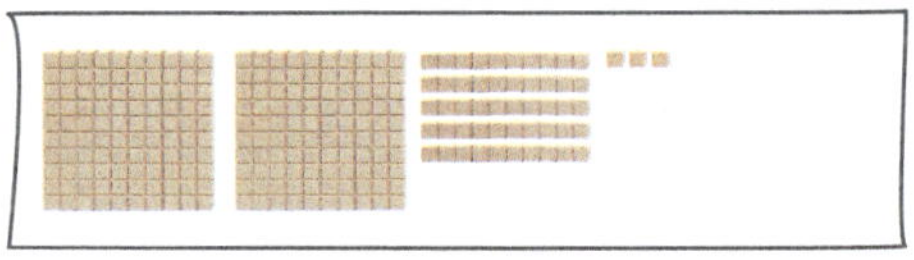

2H+5Z+3E

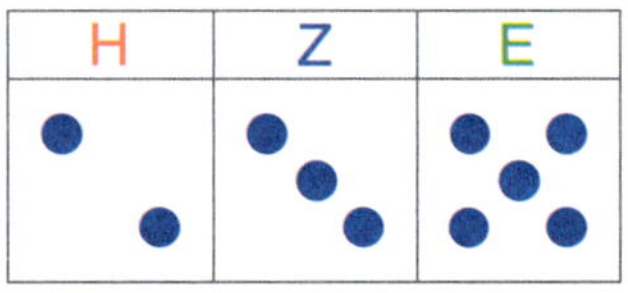

2 Was gehört zusammen? Verbinde.

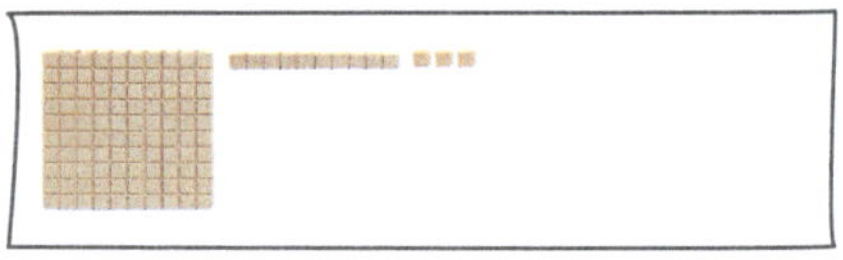

3H+1Z+0E

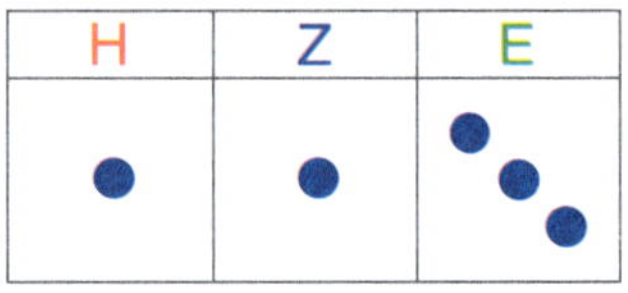

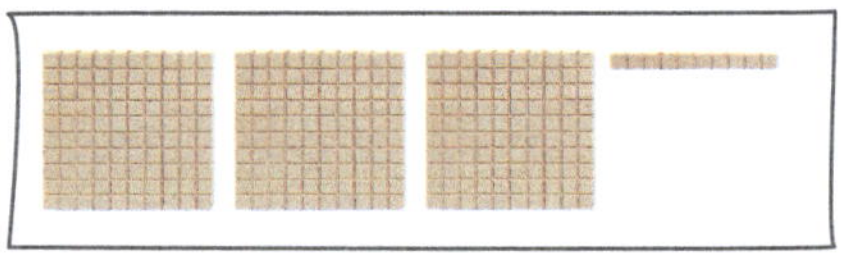

1H+1Z+3E

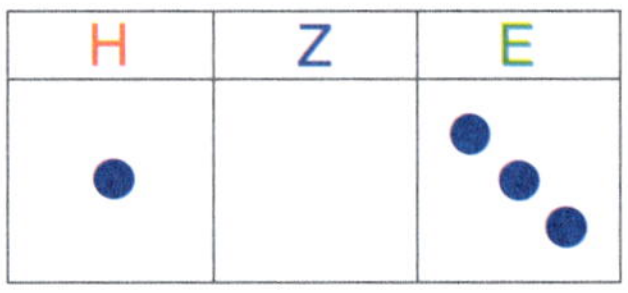

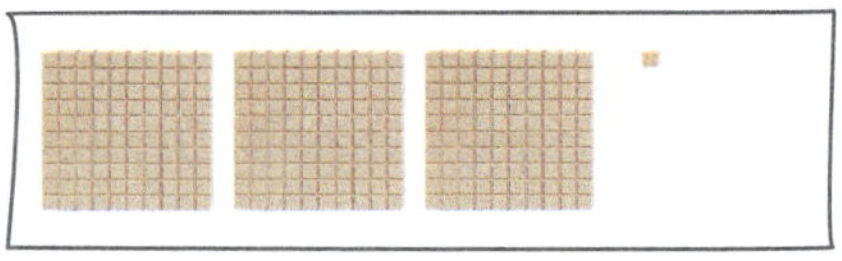

1H+0Z+3E

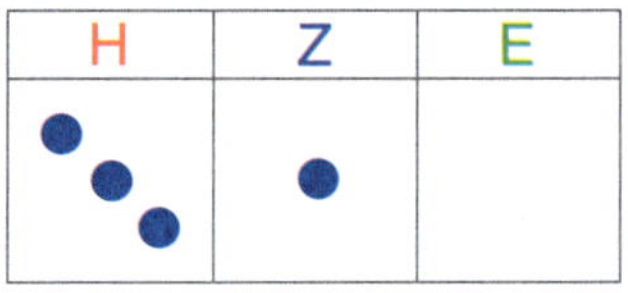

3H+0Z+1E

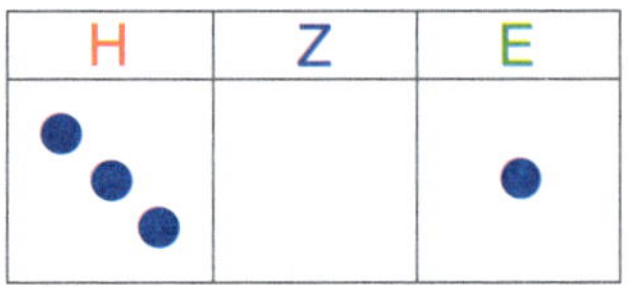

› **1–2** Unterschiedliche Zahldarstellungen verbinden. Auch das Zahlwort nennen lassen.

1 Was gehört zusammen? Verbinde.

H	Z	E		
●●●	●●●●	●●	vierhundertdreiundzwanzig	423
●●●●	●●	●●●	zweihundertdreiundvierzig	342
●●	●●●●	●●●	dreihundertzweiundvierzig	234
●●	●●●	●●●●	zweihundertvierunddreißig	243

2 Was gehört zusammen? Verbinde.

H	Z	E		
●●	●●●●		zweihundertvier	204
●●		●●●●	vierhundertzwei	420
●●●●	●●		zweihundertvierzig	240
●●●●		●●	vierhundertzwanzig	402

› **1–2** Plättchen-Darstellung, Zahlwort und Zahl verbinden. Ggf auch die Zerlegungsaufgabe nennen und Zahl mit Zehnersystemblöcken legen lassen.

1

2 Welche Zahlen sind es? Schreibe die Zahlen in die Ballons.

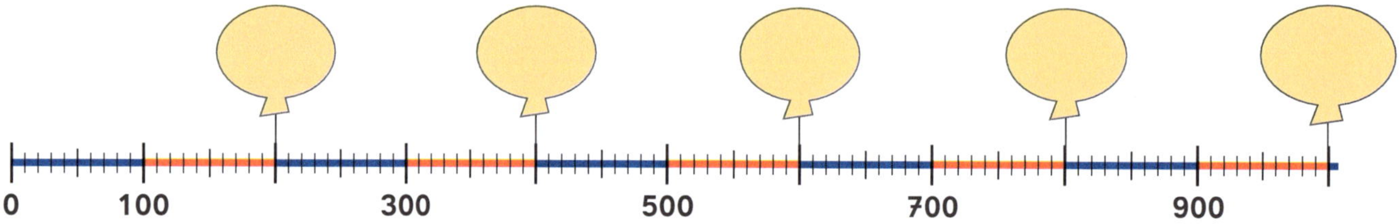

3

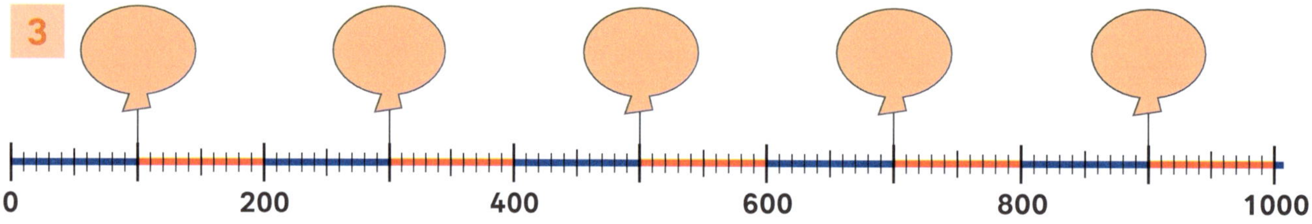

4 Wo sind die Zahlen am Zahlenstrahl? Verbinde.

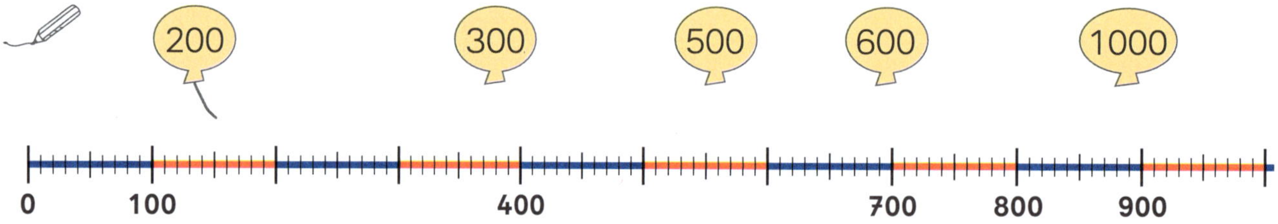

5

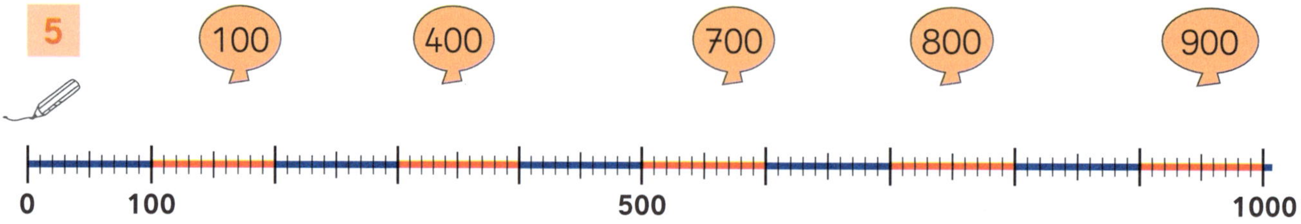

6 Zähle in Hunderterschritten vorwärts und rückwärts.

a) 0, 100, 200, ______, ______, ______, ______, ______, ______, ______, 1000

b) 1000, 900, ______, ______, ______, ______, ______, ______, ______, 100, 0

› **1 – 5** Zunächst die grobe Orientierung am Zahlenstrahl bis 1 000 üben und Hunderterzahlen passend zuordnen.
› **6** In Hunderterschritten vorwärts und rückwärts zählen, ggf. auch die Startzahl variieren.

1

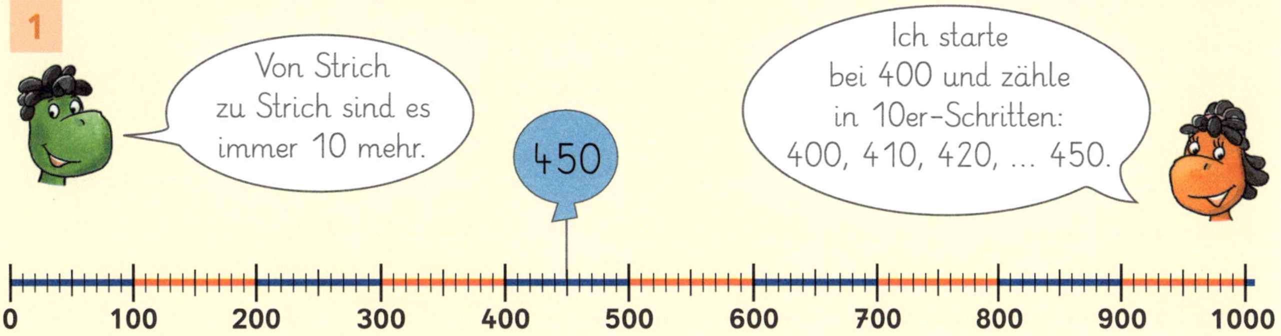

2 Welche Zahlen sind es? Schreibe die Zahlen in die Ballons.

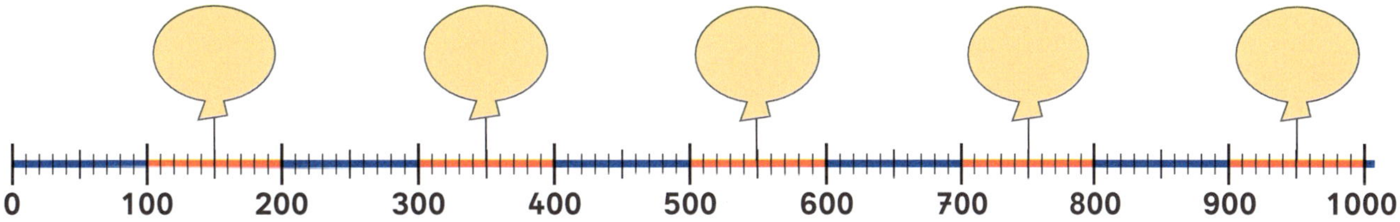

3

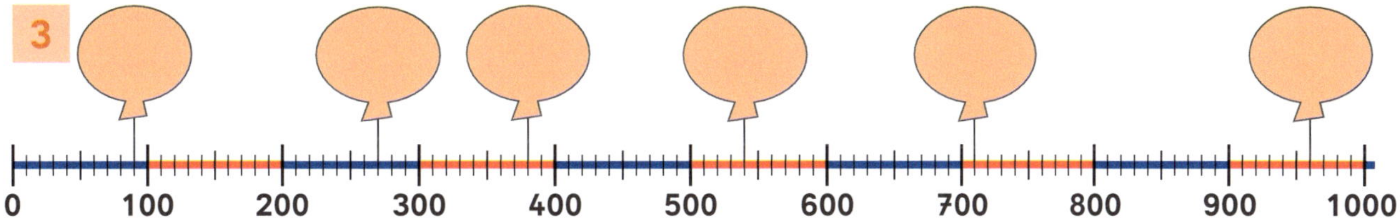

4

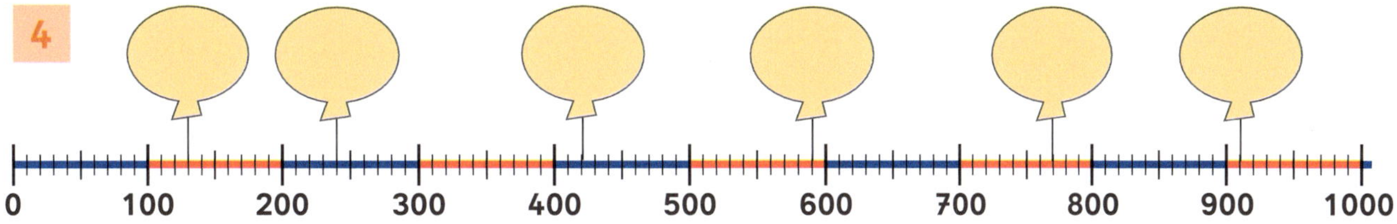

5 Wo sind die Zahlen am Zahlenstrahl? Verbinde.

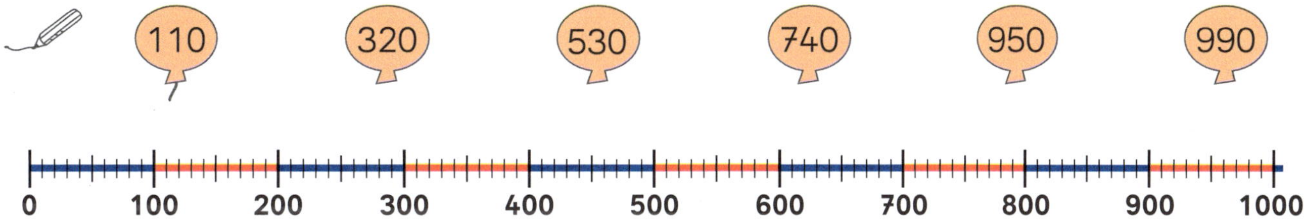

6

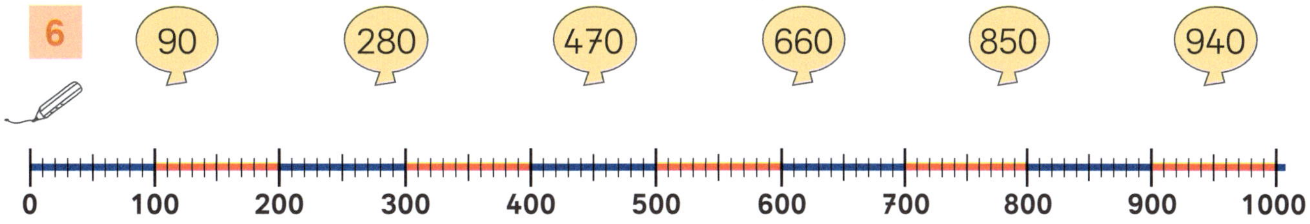

› **1** Aufbau und Orientierungshilfen des Zahlenstrahls genauer betrachten (z. B. Wofür steht ein kleiner Strich, wofür die größeren? Wann wechseln die Farben?)
› **2–6** Hunderter-Zehner-Zahlen am Zahlenstrahl bis 1 000 passend zuordnen.

Welche Zahl ist es am Zahlenstrahl?

1

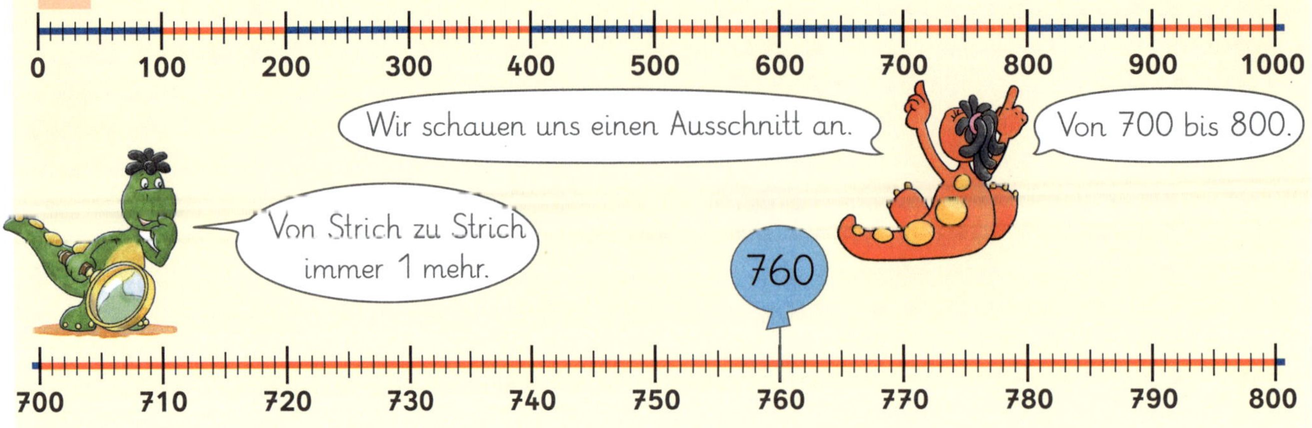

2 Welche Zahlen sind es? Schreibe die Zahlen in die Ballons.

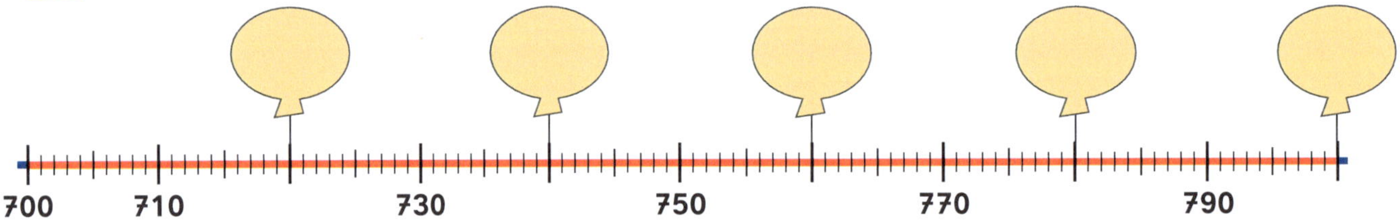

3 Wo sind die Zahlen am Zahlenstrahl? Verbinde.

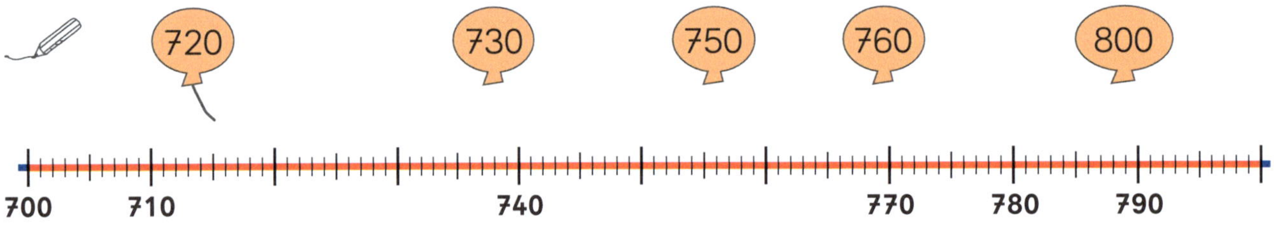

4 Aufgepasst: Jetzt ist es ein anderer Ausschnitt.

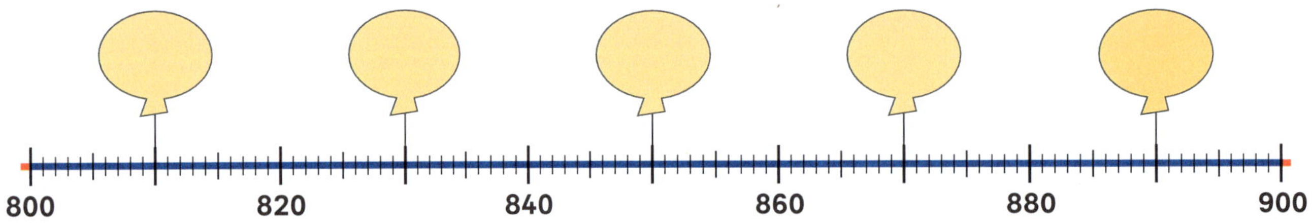

5

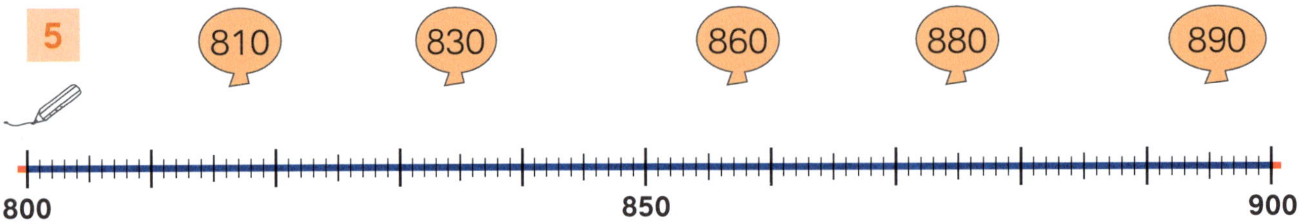

6 Zähle in Zehnerschritten vorwärts.

500, 510, ______, ______, ______, ______, ______, ______, ______, 590, 600

800, 810, ______, ______, ______, ______, ______, ______, ______, 890, 900

› **1** Gemeinsam besprechen, dass nun ein Ausschnitt betrachtet wird und die geänderte Bedeutung der Striche am Zahlenstrahl betonen.
› **6** In Zehnerschritten zählen, ggf. auch die Startzahl variieren.

1

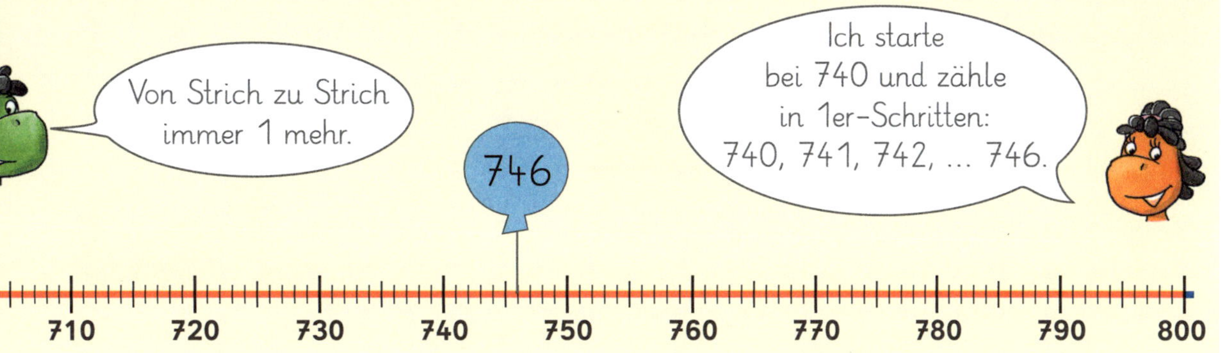

2 Welche Zahlen sind es? Schreibe die Zahlen in die Ballons.

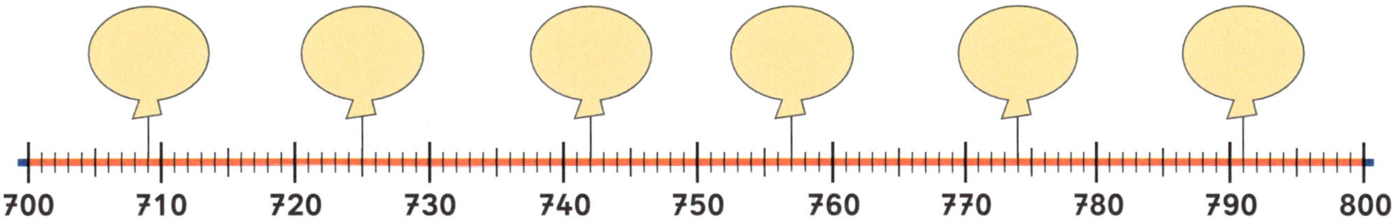

3 Wo sind die Zahlen am Zahlenstrahl? Verbinde.

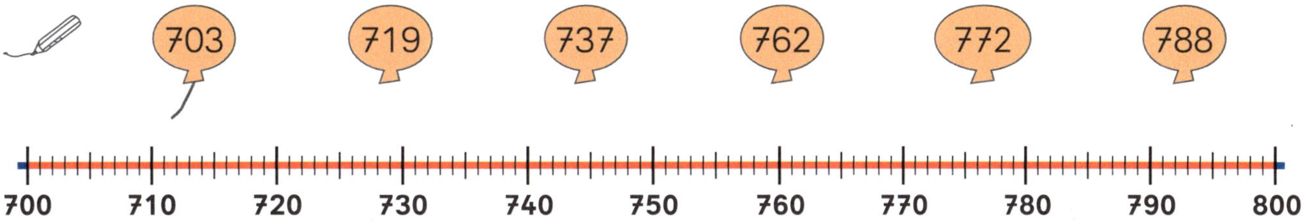

4 Aufgepasst: Jetzt ist es ein anderer Ausschnitt.

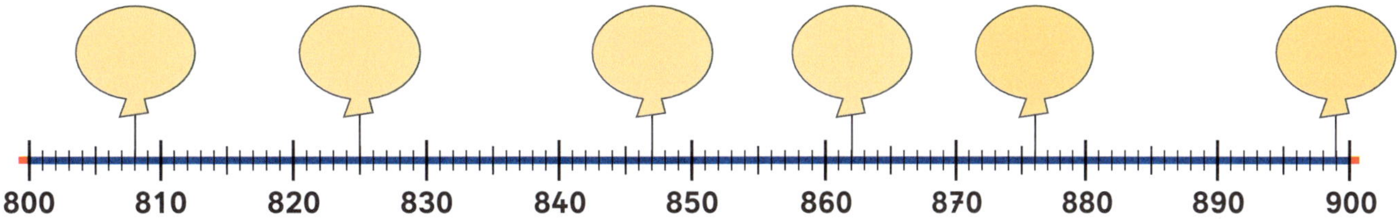

5

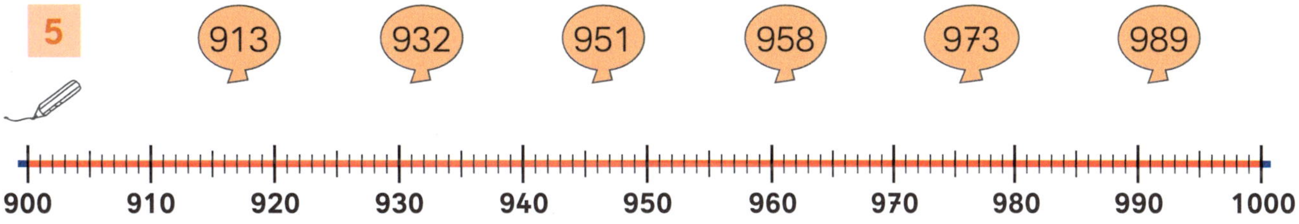

6 Zähle in Einerschritten vorwärts und rückwärts.

815, 816, ______, ______, ______, ______, ______, ______, ______, 824

989, 988, ______, ______, ______, ______, ______, ______, ______, 980

› **1** Aufbau und Orientierungshilfen des Zahlenstrahls genauer betrachten (z. B. Wofür steht ein kleiner Strich, wofür die größeren? Wann wechseln die Farben?)
› **2–5** Zahlen an den Zahlenstrahl-Ausschnitten passend zuordnen. Dabei auch das Zählen von verschiedenen Startzahlen üben.

Vorgänger und Nachfolger

1

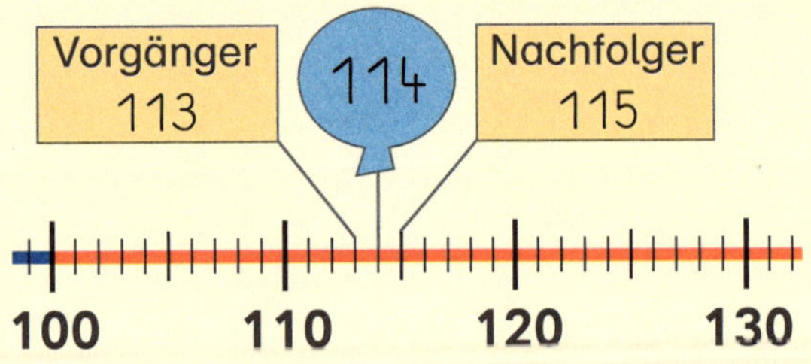

V	Zahl	N
113	114	115

2 Wie heißt der Vorgänger? Wie heißt der Nachfolger? Trage ein.

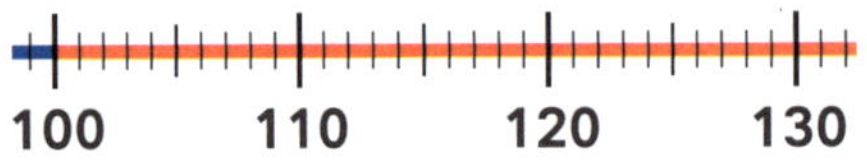

a)

V	Zahl	N
	118	
	113	
	111	

b)

V	Zahl	N
	116	
	110	
	119	

c)

V	Zahl	N
	104	
	102	
	100	

3

a)

V	Zahl	N
	382	
	362	
	372	

b)

V	Zahl	N
	375	
	365	
	385	

c)

V	Zahl	N
	389	
	369	
	379	

4

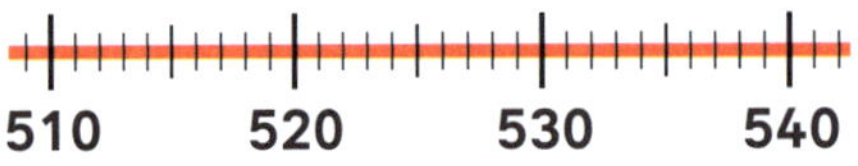

a)

V	Zahl	N
	511	
	524	
	520	

b)

V	Zahl	N
	532	
	517	
	536	

c)

V	Zahl	N
	540	
	529	
	535	

› **1–4** Die Zahl am Zahlenstrahl-Ausschnitt zeigen und Vorgänger und Nachfolger bestimmen. Auf die richtige Verwendung der Begriffe achten.

1

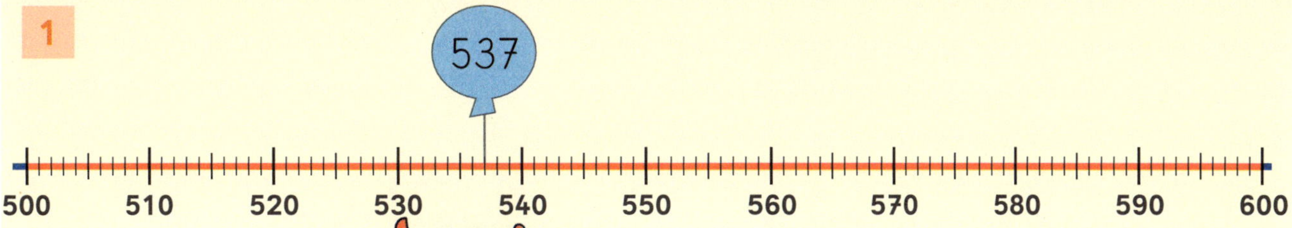

NZ	Zahl	NZ
530	537	540

2 Wie heißen die Nachbarzehner? Trage ein.

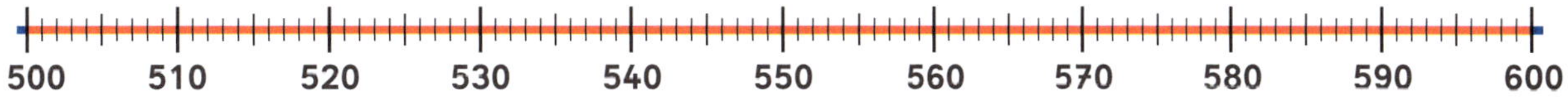

a)

NZ	Zahl	NZ
	538	
	552	
	525	

b)

NZ	Zahl	NZ
	573	
	588	
	564	

c)

NZ	Zahl	NZ
	545	
	508	
	596	

3

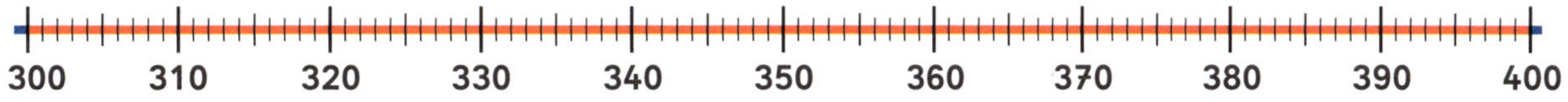

a)

NZ	Zahl	NZ
	314	
	373	
	395	

b)

NZ	Zahl	NZ
	366	
	381	
	307	

c)

NZ	Zahl	NZ
	352	
	338	
	329	

4

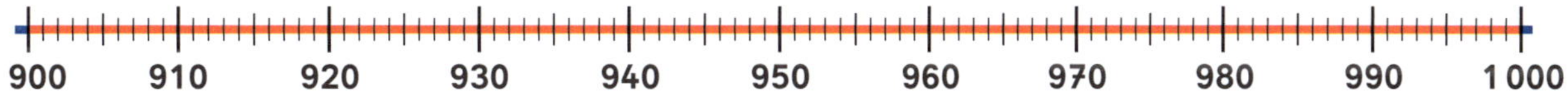

a)

NZ	Zahl	NZ
	914	
	973	
	995	

b)

NZ	Zahl	NZ
	986	
	907	
	922	

c)

NZ	Zahl	NZ
	938	
	932	
	949	

› **1–4** Die Zahl am Zahlenstrahl-Ausschnitt zeigen und die Nachbarzehner bestimmen. Auf optische Orientierungshilfen (längere Striche) eingehen.

1

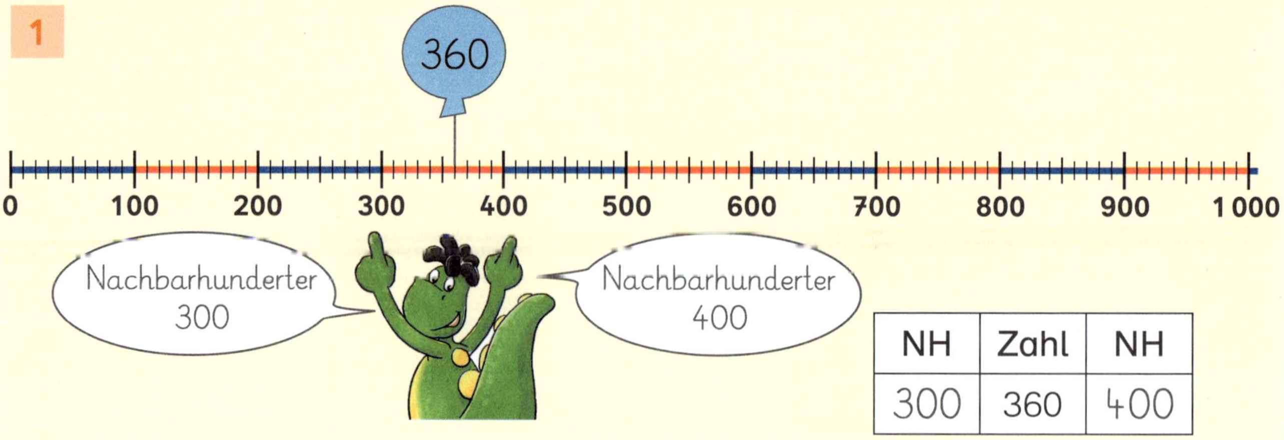

NH	Zahl	NH
300	360	400

2 Verbinde die Zahlen am Zahlenstrahl.
Wie heißen die Nachbarhunderter? Trage ein.

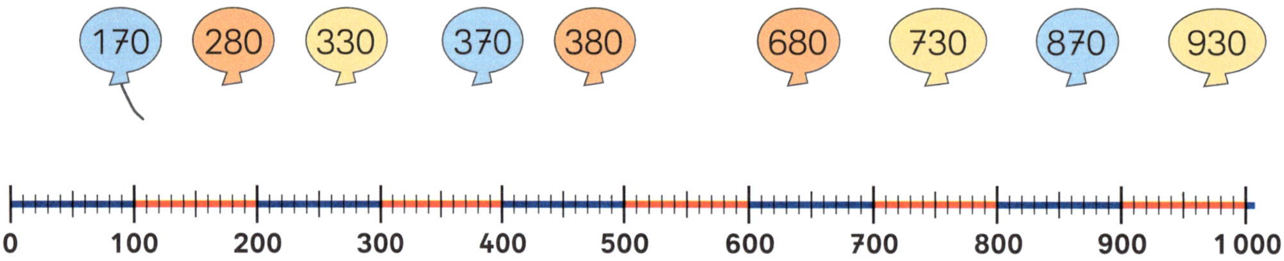

a)

NH	Zahl	NH
	170	
	370	
	870	

b)

NH	Zahl	NH
	280	
	380	
	680	

c)

NH	Zahl	NH
	330	
	730	
	930	

3 Wie heißen die Nachbarhunderter? Trage ein.

a)

NH	Zahl	NH
	220	
	520	
	320	

b)

NH	Zahl	NH
	150	
	850	
	450	

c)

NH	Zahl	NH
	740	
	240	
	640	

4

a)

NH	Zahl	NH
	710	
	820	

b)

NH	Zahl	NH
	940	
	260	

c)

NH	Zahl	NH
	590	
	750	

› **2** Die Zahlen zunächst am Zahlenstrahl einordnen. Davon ausgehend die Nachbarhunderter bestimmen und eintragen.
› **3–4** Die Zahl am Zahlenstrahl zeigen und die Nachbarhunderter bestimmen. Auf optische Orientierungshilfen (längere Striche) eingehen.

1

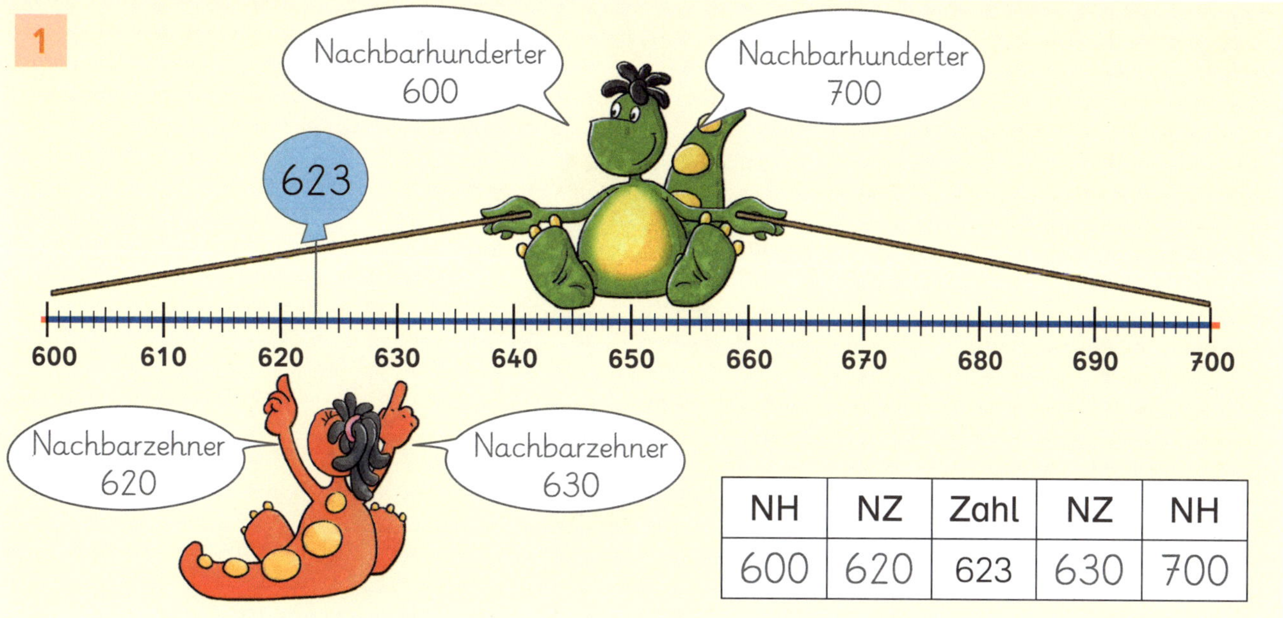

NH	NZ	Zahl	NZ	NH
600	620	623	630	700

2 Wie heißen die Nachbarzehner? Wie heißen die Nachbarhunderter? Der Zahlenstrahl hilft dir.

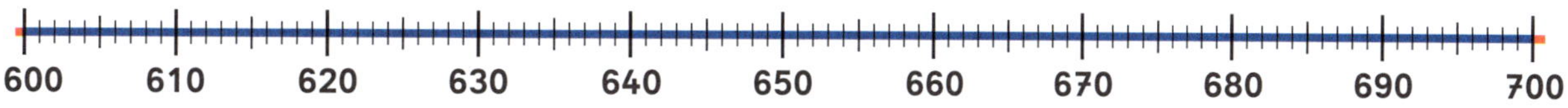

a)

NH	NZ	Zahl	NZ	NH
		683		
		625		
		647		

b)

NH	NZ	Zahl	NZ	NH
		636		
		664		
		689		

3

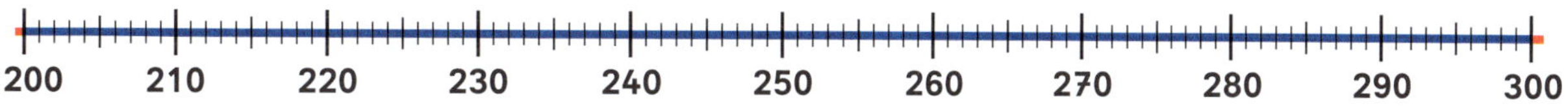

a)

NH	NZ	Zahl	NZ	NH
		274		
		257		
		241		

b)

NH	NZ	Zahl	NZ	NH
		203		
		293		
		253		

4 a)

NH	NZ	Zahl	NZ	NH
		313		
		513		

b)

NH	NZ	Zahl	NZ	NH
		748		
		948		

› **2–3** Die Zahl am Zahlenstrahl-Ausschnitt zeigen und die Nachbarzehner und -hunderter bestimmen.
› **4** Nachbarzehner und -hunderter bestimmen. Dabei ggf. auch Analogien in den Hundertern aufgreifen.

1 Größer oder kleiner? Setze > oder < ein. Ergänze die Sätze.

400 > 300

400 ist größer als ______

2

200 < ______

______ ist kleiner als ______

3

500 ○ ______

______ ist größer als ______

4

______ ○ ______

______ ist ______ als ______

5

______ ○ ______

______ ist ______ als ______

6

______ ○ ______

______ ist ______ als ______

› **1–6** Zahlen in Geheimschrift erkennen und notieren. Dann das richtige Relationszeichen einsetzen und den passenden Begriff eintragen.

1 Größer oder kleiner? Setze (>) oder (<) ein. Ergänze die Sätze.

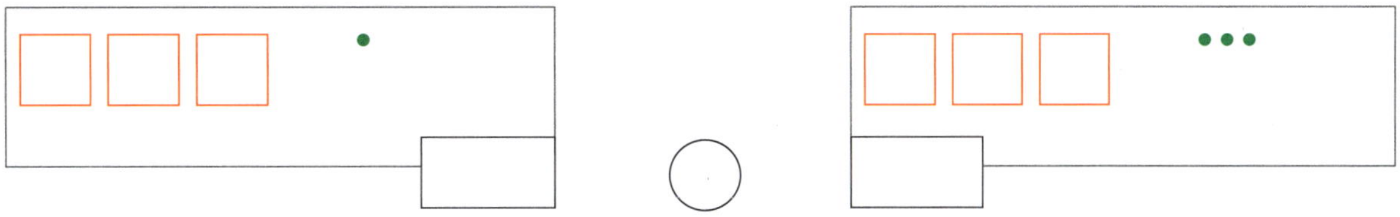

_____ ist _________ als _____

2

_____ ist _________ als _____

3

_____ ist _________ als _____

4

797 (<) 814

5 Größer oder kleiner? Setze (>) oder (<) ein. Der Zahlenstrahl hilft dir.

a) 797 ◯ 799
797 ◯ 761
797 ◯ 844
797 ◯ 753

b) 837 ◯ 814
803 ◯ 814
768 ◯ 814
830 ◯ 814

c) 761 ◯ 803
768 ◯ 799
830 ◯ 844
753 ◯ 837

› **1 – 3** Zahlen in Geheimschrift erkennen und notieren. Dann das richtige Relationszeichen einsetzen und den passenden Begriff eintragen.
› **5** Beide Zahlen am Zahlenstrahl zeigen, dabei zeigt die linke Hand immer die kleinere Zahl. Das richtige Relationszeichen einsetzen.

1

___ H + ___ Z + ___ E = ______

______ + ______ + ______ = ______

2

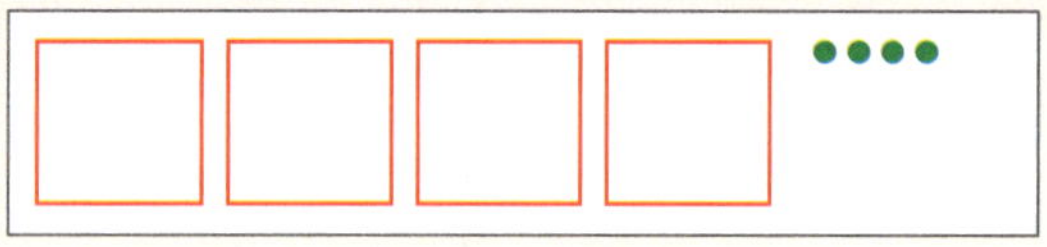

___ H + ___ Z + ___ E = ______

______ + ______ + ______ = ______

3 a) 300 + 100 = ______ b) 900 − 500 = ______ c) 800 + 200 = ______

700 + 200 = ______ 800 − 300 = ______ 600 + 100 = ______

600 + 200 = ______ 500 − 200 = ______ 500 + 500 = ______

4 Rechne mit Hundertern, Zehnern, und Einern.

a) 537 + 200 = ______

537 + 20 = ______

537 + 2 = ______

b) 987 − 600 = ______

987 − 60 = ______

987 − 6 = ______

5 Was gehört zusammen? Verbinde. Eine Zahl bleibt übrig.

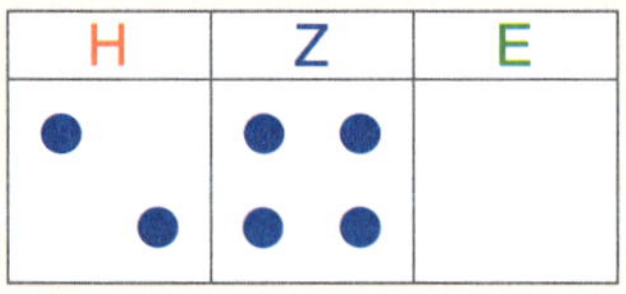

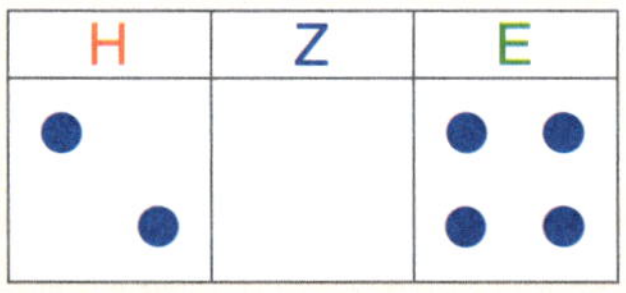

zweihundertvier

zweihundertvierzig

204

402

240

6 Wo sind die Zahlen am Zahlenstrahl? Verbinde.

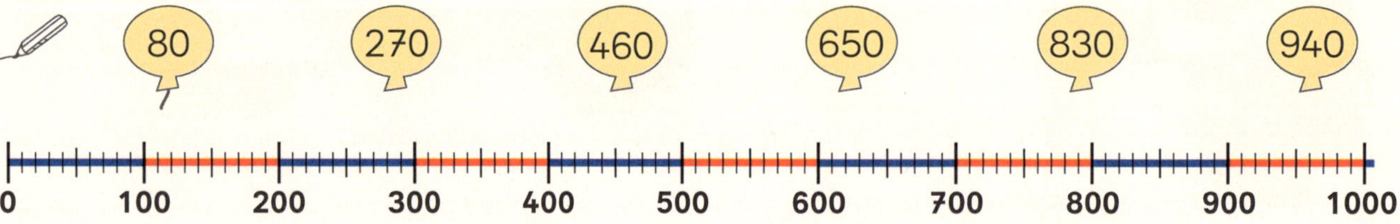

7 Trage die Nachbarzehner und die Nachbarhunderter ein.

NH	NZ	Zahl	NZ	NH
		356		
		824		

8 Größer oder kleiner?

878 ◯ 787

878 ◯ 887

878 ◯ 877